서문문고
007

실존철학이란 무엇인가

O. F. 볼노브 지음

최동희 옮김

머리말

이 저술은 N. 하르트만에 의해 발행된 ≪독일의 체계적 철학에 관한 전집≫[1]을 위해 1942년에 씌어졌다. 그 당시에 실존철학은 이미 끝난 그리고 거의 망각된 문제이며, 그저 그 수확을 끌어 모아 될 수 있는 대로 보존할 필요가 있는 문제인 것처럼 보였다.

그 당시에 사람들은 아직 프랑스에서 실존주의라는 이름으로 일어난 새로운 운동이 철학에서 뿐만 아니라 문학에서도 그리고 일반적인 정신생활에서도 크게 벌어지리라는 것을 알 수 없었다. 이 운동이 독일 실존문학에서 발전된 사상 경향을 받아들이고 있으며, 이것이 전후에 도리어 독일에도 오랫동안 반사적으로 작용하여 여기서 시세의 압력 때문에 사라져 가던 연구 토론을 새로 불러일으키리라는 것을 알 수 없었다. 이 새로운 운동은 이번에도 그 진지한 철학적인 관심을 보여 주었을 뿐만 아니라 동시에 실존철학이 처음으로 나타날 때에 보여준 시대적인 유행성을 다시 불러일으키게 하였다.

그리하여 오늘날에도 그동안에 얻은 좀더 길어진 시간적인 거리로 말미암아 독일 실존철학 안에서 일어난 좀더 지속적인 발전이 더욱 잘 전망될 수 있다. 이 지속적인 발전 속에서 새로운 연구 노력들이 실존철학이 처음으로 나타날 때의 근원적인 모습을 확대하고 변용하게 하였다. 이러한 새 연구 노력으로서 하이데거와 야스퍼스의 후기 저술들이 꼽힌다. 이 저술들은 그들에게서 무시할 수 없는 견해의 변화 혹은 전진된 발전을 인정케 하며, 그들의 초기 저술에 의해 제기된 여러 가지 대결과 전진된 연구를 인정하게 한다. 그 저술들 뿐만 아니라 또 한스립스에 있어서 표현되었고 그 당시에 이미 실존철학의 제2면(第二面)이라는 개념을 암시한 매우 자명한 새 연구 노력[2)]도 꼽힌다. 그러므로 오늘날 다음과 같은 실존철학사의 새로운 작업 곧 실존철학의 여러 가지 형태들을 그들의 시대적·내용적인 관련 속에서 비교하면서 기술하는 작업이 요구된다.

　여기서는 그러한 실존철학사가 시도되지 않는다.[3)] 그런 실존철학사는 기초적인 해설의 테두리를 훨씬 넘어설 것이다. 그리고 그것은 그 성격상 실존철학의 첫 발전 단계에 —하이데거와 야스퍼스의 경우에는 그들의 그 당시의 저서들 속에—나타나 있는 형태를 여기서 시도되는 바와 같이 체계적으로 종합·정리하는 작업을 쓸데없는 것으로 여기지 않을 것이다. 반대로 이러한 작업은 실질적으로 반드시 요구된다. 왜냐하면 실존철학사는 그 첫 단계에 동시에 그 가장 순수한 형식으로써 실현되어 있기 때문이다. 그뿐만 아니라 바로 이 단계에 뒷날에 온 발전의 발판이 된, 그리고 뒷날의 모든 전진된 형태와 전환된 형태가 관계하고 있는 기반이 세워져 있기 때문이다. 그러므로 이 첫 단계를 통해 뒷날의 모든 발전들도 비로소 이해될 것이다. 만일 사람들이 너무나 일찍 뒷날의 변화들을 받아들인다면 이 처음의 발단이 흐려질 것이다.

그러므로 이 저작은 그것을 쓴 뒤에 흘러간 긴 시간의 거리 때문에 가능하였던 약간의 변경 이외에는 그의 옛 모습 그대로 출판된다. 이미 이 저작의 여러곳에서 특히 죽음의 문제를 서술할 때에 실존철학의 서술 안으로 맞아들이게 되는 릴케(Rilke)는 그 뒤에 더욱 자세한 독립된 저술에서 다루어졌다.[4] 여기서 효과적으로 서로 서로 조명하는 관계가 생긴다. 한편으로 실존철학에 대한 가까운 친밀성이 다른 방법으로는 거의 불가능한 이 시인의 정신 세계로서의 접근을 가능케 한다. 거꾸로 자유로운 시적인 표현으로부터 새로운 광명이 실존철학에도 비치고, 이 광명이 얽매이지 않는, 곧 철학적인 전문술어의 피할 수 없는 일면성(一面性)으로부터 벗어난 이해를 가능케 한다.

특히 만년의—≪두이노의 비가≫가 완성된 뒷날의—릴케의 전향, 곧 삶을 긍정하는 사은(謝恩)의 심정으로의 변화는 동시에 실존철학의 극복을 위한 어떤 가능성도 예시한다. 이 저술의 끝에 있는 비판적인 논평도 오늘날 실존철학과의 근원적 비판적인 대결의 필요성이 종전보다 더욱 절실하게 되어 있음에도 불구하고 몇 가지 예비적인 암시들을 하는 데 집중하였을 뿐이다. 실존철학은 그 귀결에 있어서는 이와 같이 탈출할 길이 없는 처지로 빠져 들어갔다. 그러므로 실존철학을 극복하는 문제가 오늘날 철학적 과제의 중심으로 되어 있다.

실존철학은 그 자체를 극복하는 것을 요구한다. 물론 실존철학을 단순히 다시 역행하게 하려고 꾀하는 그러한 극복이 아니고 실존철학에 발을 붙인 채 그 속에서 얻어진 통찰들을 완전히 받아들이는 그러한 극복을 요구한다. 그러나 그것을 위해서는 뒷날의 모든 발전도 정확하게 파고 들어가는 것이 필요하다. 왜냐하면 지금까지의 형태 속에서 있는 분명한 한계들이 실존철학 자체의 지반에 비추어 어느 정도로 극복되느냐, 혹은 그 한계들이 어떤 원칙적으로 새로운 싹을 어느 정도로 요구하느냐 라는 문제는 오직 실존철학을 여러 가지로 전진시켜 형성하려는 시도들을 비교분석함으로써 비로소 충분하게 그리고 믿음직하게 전망되기 때문이다.

저자의 본래의 노력도 이 책을 쓰는 작업을 마친 뒤에 다시 이 문제를 중심으로 하였다. 이 방향에 있어서의 시도를 나는 간단히 독립된 형식을 통해 제시하였다.[5] 거기에는 실존주의를 극복하는 과제와 관련되는 문제들이 더 자세히 다루어져 있다. 그러나 이 책에서는 다만 저 첫 단계에 세워진, 그리고 뒷날의 발전을 이해하는 데 꼭 필요한 실존철학의 일반적 기반만이 다루어진다.

줤

1. ≪체계적 철학≫ N.하르트만에 의해 슈투트가르트와 베를린에서 발행
   됨.(1942)
2. 볼노브 저 ≪한스 립스 :현대의 철학적 처지에 대한 하나의 기여
   (Blatter für Deutsche Philosophie)≫(1942 참고).
   뒤이은 발전에 관한 문헌 소개를 위하여 내가 편찬한 다음의 문헌을
   소개하기로 한다.
   ≪독일 실존철학,철학 연구를 위한 문헌적인 입문≫ I.M.Bochenski
   에 의해 발행됨. Bern(1953).
   여기서 먼저 방향을 잡아주는 안내를 마친 뒤에 주요한 대표자들의
   저작들, 그 학파에 있어서의 뒤이은 전개 및 대결에 대한 주요한 기여
   들을 약 350조항으로 엮었다. 그러므로 이 저술은 더 자세한 문헌지
   시를 하지 않을 수 없었다. 이 저술은 될 수 있는 대로 관계되는 저서
   들의 초판에 따라서 인용한다.
4. 볼노브 저 ≪릴케≫ 슈투트가르트(1951)
5. 볼노브 저 ≪새로운 안성정 : 실존주의를 극복하는 과제≫ 슈투트가르
   트(1952).

이 문제 설정에 대한 간단한 계획은 다음의 논문에 들어 있다.
〈실존주의를 극복하는 과제〉 Universita, 8. Jahrg.(1953) 461 페
   이지 이하.

O.F.볼노브

차 례

실존철학이란 무엇인가

Ⅰ 서   론

1 실존철학의 발단

실존철학이라는 이름으로 불리는 하나의 철학 사조는 특히 1930년대에 독일에서 이루어졌으며, 그 뒤에 여러 가지 형식으로 발전되어 마침내 독일 국경을 넘어서 널리 퍼졌다. 그 자체가 다시 여러 갈래로 나뉘어진 이 운동은 위대한 덴마크의 철학자 키에르케고르(Sören Kierkegaard)로 돌아간다는 데 그의 공통적인 특성이 있다. 그는 이 연대에 이르러 비로소 그의 진정한 모습이 발견되었으며, 따라서 커다란 영향을 주기 시작하였다. 그에 의하여 만들어진 실존이라는 개념은, 이 개념을 따서 이름 지은 실존철학의 공통적인 출발점임을 암시한다.

19세기 말부터 20세기 초에 걸쳐서 우선 누구보다 니체와 딜타이에 의하여 생철학(生哲學)이라고 하는 하나의 근본적으로 새로운 경향이 구체화되었다(니체와 딜타이의 서로 다른 사상 성격에 의하여 이미 생철학이 이해될 범위가 암시되었다). 이 새로운 경향을 '철저히 실현하는 것'이 실존철학적인 운동이라고 이해하는 것이 가장 좋을 것이다.

인간의 삶을, 그것을 초월한 모든 가정을 물리치고 다만 그 자체로부터 이해하려는 것이 생철학의 목적 방향이다. 이것은 철학에 있어서 하나의 결정적인 대결이며, 근본적으로 새로운 또 하나의 출발이라는 것을 스스로 보여 주고 있다. 생철학은 모든 일반적인 체계의 조직에 반대하며, 순수한 이론적인 태도 속에서 어떤 철학자의 특수한 입장으로부터 오는 구속을 조금도 용납하지 않는다고 믿는, 이른바 허공에 뜬 '형이상학적인 명상'에 반대한다. 그리고 그것은, 삶이야말로 모든 철학적인 인식과, 나아가서는 모든 인간의 활동들이 뿌리를 박고 있으며, 또 연관되어 있지 않으면 안 되는 마지막 중심점이라는 것을 밝힌다. 그러므로 그것은 자신 속에서 자족하는 정신의 왕국이나 예술·학문 등과 같은 넓은 문화 영역의 고유한 본질과 자족적인 목적을 부정하고, 그들을 삶으로부터 이해하려고 한다. 그들은 바로 이 삶으로부터 나왔으며, 그 속에서 일정한 기능을 수행하지 않으면 안 된다는 것이다. 이리하여 생철학은 대상적인 사고로부터 주체적인 사고로, 좀더 적절하게 말하면 주체와 결합되어 있지 않은 사고로부터 주체와 결합된 사고로 옮아가는 '의식적인 전향'을 의미한다.

그러나 생철학은 그 첫걸음을 내디딘 순간부터 그의 기초에 있는 '삶(das Leben)'이라는 것의 개념을 규정할 수 없기 때문에 곤란을 받아 왔다. 삶이라는 이름 밑에서 유일한 특수성을 가진 각 개인의 현존재(Dasein＝현실적인 인간을 일반적으로 부르는 말)가 이해되어 왔던 것인가.

혹은 모든 개별적인 현존재가 그 속에 들어 있는 일반적이며 포괄적인 '어떤 무엇'이 이해되어 왔던 것인가. 또는 이 양극단 사이에 있는 어떤 특수한 초개인적인 '삶의 통일체'가 이해되어 왔던 것인가. 여기에서 논의되고 있는 삶은 무한히 많은 형태와 의의를 가지는 것으로서 등장한다. 그것은 같은 한 사람 속에서도 서로 다른 여러 층이 갈리고, 서로 다른 충동과 경향들이 상호 대립하고 있는 것이므로, 사람들은 다른 모든 것이 결국은 돌아가야 할 중심점을 도대체 어디서 찾아야 하는가를 알 도리가 없다. 이리하여 생철학이라고 하는 새로운 경향의 결과로서 철학 속에 있는 마지막 '무제한적인 것'을 모두 배격해 버리는 일반적인 상대주의가 대두하게 되었다. 때문에 서로 다른 민족과 다른 시대에 나타난 생표현(生表現)들의 '다양적인 성격'으로부터 출발하는 이른바 '역사적인 의식'과 이 생철학이 기꺼이 손을 맞잡았던 것도 무리가 아니다. 이 '스핑크스(수수께끼)'인 삶은 역사의 흐름 속에서 끊임없이 변하며 이에 따라서 인간의 모든 관찰과 평가가 달라진다. 여기서는 어디서나 고정적인 것을 지적해 낼 수가 없다.

이러한 상대주의가 어느 정도로 생철학의 본질 속에 가로놓여 있는가, 그리고 그것은 생철학 속에 있는 기초에 대한 깊은 반성에 의하여 어느 정도로 극복될 것인가에 관해서는 여기에서 따질 필요가 없다. 어쨌든 이 상대주의는 실제 나타난 결과로서 현실적으로 존재하였으며, 그리고 사람들은 그것으로부터 실존철학의 출현을 이해할 수 있는 상황을 마련해 놓았다. 실존철학은 이와 같은 상대주의에 의한 분리와 해체에 반대하고, 다시 하나의 확고한 뒷받침을, 즉 그 자체는 모든 상대화의 가능성을 초월한 '절대적이며 무제한적인 것'을 찾으려고 하였다.

물론 이 실존철학의 과제는 철학의 발전 속에서 생철학과 역사적인 의식의 결과로부터 필연적으로 나타났던 것이다. 그러나 이것은 1차대전이 끝난 뒤에 독일을 지배한 어떤 정신적인 상황 속에서 더욱 심각하게 느껴졌으며, 그리하여 일반 사회적인 의식의 넓은 영역까지도 그의 테두리 속에 끌려들지 않을 수 없었다. 모든 고정적인 질서가 허물어지려고 하였으며, 보통 범할 수 없는 것으로서 믿어오던 모든 가치가 '의심스러운 것'으로 드러난 시대에, 그리고 상대주의가 이미 외로운 사고의 일거리가 아니고 바로 생활 질서를 분해하기 시작한 시대에, '일반적인 해체'로는 파악할 수 없던 하나의 무제한적인 마지막 뒷받침에 대한 요구가 필연적으로 일어나지 않을 수 없었다. 인간이 모든 대상적인 신념 속에서 실망하고 그에게 모든 것이 의심스럽게 된 뒤에는, 삶에 대한 내용적인 의미 규정이 '상대화의 경향'으로 모두 의심스럽게 된 뒤에는, 오직 자기 자신의 '내면적인 것'으로 돌아가는 길만이 남게 되었다. 이리하여 여기에서 모든 '내용적인 규정'에 이미 선행하는 어떤 마지막 '깊이'로부터 대상적인 세계 질서 속에서는 찾아볼 수 없던 마지막 뒷받침을 얻으려고 하였다. 이 인간의 가장 내면적인 마지막 핵심을 사람들은 키에르케고르로부터 이어받은 실존이라는 개념으로써 표현하였다.

이것으로써 실존철학의 발단이 적어도 예비적인 윤곽에 있어서는 설명되며, 동시에 왜 그것이 2차대전이 끝난 오늘날 다시금 세상 사람들의 많은 기대를 강력히 그의 일신에 집중시키고 있는가 라는 근거도 드러난다. 실존철학은 생철학이 상대주의로 떨어지고 그의 시대가 전반적으로 분해하는 데 대항하여 다시 무제한적인 뒷받침을 추구하였다. 그러나 그것은 어떤 객관적인 질서로 돌아감으로써 얻어지는 것은 아니라고 인식되었다. 그것은 모든 객관적인 질서로부터 인간 속에 있는 그의 근원으로 돌아가는 생철학적인 지반 위에 서 있다. 그러나 그것은 인간의 내부에서 생철학의 무규정성(無規定性)이 극복될 확고부동한 초점을 찾는다.

2 대표적인 사상가들

어떤 전형적인 대표자들의 이름으로써 실존철학을 소개하려고 할 때, 우선 사람들은 하나의 피할 수 없는 어려운 문제에 부딪히게 될 것이다. 그 대표적인 사상가로서, 철학 방면에서는 누구보다 하이데거와 야스퍼스가 두각을 나타내게 된다. 그러나 그 외에도 실존철학은 이 시대의 신학적인 사상 속에 있는 어떤 사조, 특히 이른바 변증법적인 신학과 매우 밀접한 관련을 가지고 있다. 끝으로 이와 관련되는 것으로서 문학의 영역에서도 릴케의 많은 만년의 작품과 똑같은 20년대에 나타난 프란츠 카프카(F. Kafka)의 소설 ≪심판≫과 ≪성(城)≫―그의 다른 저술 중에서는 특히 유고 ≪만리장성≫―같은 것이 주목된다.

실존철학의 광범한 영역을 이와 같이 분류하는 것은 그 근본적인 생활 경험과 세계관들이 서로 매우 일치한다는 점에서 다만 내용적으로 정당할 뿐 아니라, 한 걸음 나아가서 키에르케고르에게 공통적인 근원을 가지고 있다는 점에서 발생적으로도 정당하다. 카프카에 있어서는 키에르케고르에 대한 이 관계가 명백하다. 그는 특히 그의 일기책에서 분명히 키에르케고르에 대해 거듭 언급하고 있으며, 또 그의 사상 과정을 자기의 독특한 방법으로 더욱 발전시키려고 하였다. 지금까지 거의 주목되지 않았으나 릴케도 키에르케고르로부터 결정적인 영향을 받고 있다. 그가 스웨덴에 머물러 있을 때 쓴 편지들에 의하면, 키에르케고르가 그에게 얼마나 막대한 영향을 주었었는가를 능히 알 수 있다. 그는 키에르케고르의 일기책들을 읽기 위해서 덴마크 말을 배웠으며, 또 그 일기책을 그의 친구들에게 열심히 소개하였다. 그의 작품 ≪말테≫의 주인공이 같은 북구인이라는 것은 우연한 일이 아니다. 이 작품은 키오르케고르에 대한 '시적인 대결'이다. 이에 대하여 만년의 시들, 특

히 ≪두이노의 비가≫는 ≪말테≫ 속에서는 아직도 병적인
것에서 방황하는 개별적인 인간의 특수성이 있는 듯이 보
였던 것을, 다시 그의 일반적인 인간으로서의 의무 속에서
인식한다. 이리하여 ≪두이노의 비가≫는 하이데거가 그의
저서 속에서 철학적으로 전개하였던 것과 똑같은 사상을
시의 형식으로 나타냈다고 하는 하이데거에 관하여 전하여
지는 말들[1]이 잘 이해된다. 그러므로 그 뒤에 발타사르
(Balthasar)도 ≪독일 정신의 묵시록≫[2]이라는 그의 방
대한 책 마지막 권에서 릴케와 하이데거를 상호 보충적으
로 밝히면서 하나의 통일적인 '세계상'으로 총괄할 수 있었
던 것이다.

　그러나 역시 이 사상들을 결정적인 의미의 실존철학이라
고 하기는 어렵다. 여기에서 사람들은 실존철학이라는 말
을 채용하였으며, 그리고 실존철학이라는 제목을 붙인 프
랑크푸르트의 세 강의[3]에서 이 이름을 확정적으로 고백한
야스퍼스를 누구보다 먼저 연상할 것이다. 그러나 그에게
있어서도 이 이름으로 그의 철학 전부를 부를 수는 없다.
그는 순수한 실존철학의 영역을 넘어서 아주 근본적인 방
법으로 하나의 독특한 형이상학으로 들어갔다. 이것은 그
의 주저[4]의 구성 속에 가장 잘 나타나 있다. 그 속에서 실
존 해명은 '철학적인 세계 정위(定位)'와 '형이상학'이라는
다른 두 편 사이에 있는 중간 편을 이루고 있다. 실존철학
적인 발단으로부터 필연적인 결론으로서는 파악할 수 없는

이 형이상학에 이르러 비로소 그의 철학은 완결된다.

하이데거는 스스로 그의 독특한 철학적인 노력들을 표현하는 데 실존철학이라는 이름조차 완강히 거부한다. 그리고 그는 '인간적인 현존재의 존재론'이라고 부르는 그의 '철학적인 노력'을 단순한 실존철학과는 엄밀히 구별한다. 그는 그의(지금까지 전반부가 나타난) 유명한 ≪존재와 시간≫[5]이란 저서 속에서 인간적인 현존재에 관한 전문적인 연구를 수행한다. 그리고 그것은 내용적으로 완전히 실존철학의 문제 영역에서 도출되는 것이다. 그러나 그의 이 심각하고 전문적인 연구들은 실존철학의 근본적인 삶의 결단과는 아무런 관계가 없다고 그는 강조한다. 그리고 그에게는 일반적으로 모든 윤리적인, 또는 인간학적인 문제 방향은 거리가 멀다고 강조한다. 다만 보편적인 존재론을 세우기 위하여 방법상으로 이 존재론보다 이것에 기초를 두는 하나의 '기초 존재론'으로서 인간적인 현존재의 존재론을 선행시키지 않으면 안 되었다는 것이다. 그러므로 이 기초 존재론에서도 일반적인 존재 문제에 기초를 두는 데 필요한 한도 안에서, 순수하게 형식적으로 본 인간적인 현존재의 존재 구조를 밝히는 데 중점을 둔다.[6] 이리하여 하이데거에 있어서도 처음엔 실존철학에 매우 가까운 것으로 보여지던 그 사상이 점차 '일반적인 존재론'이라고 하는 아주 다른 방향으로 나가고 있다.

실존철학에 병행하는 신학적인 분파들은 상호간에 매우

서로 다르지만, 여기에서도 위에서 말한 바와 비슷한 일이 일어난다. 여기에서 사람들은 '프로테스탄트' 측으로는 아마 바르트(K.Barth)·브루너(E.Brunner)·불트만(Bultman)·고가르텐(Gogarten) 같은 사람을, 가톨릭측으로는 구아르디니(Guardini)·프르치바라(Przywara)·해커(Haec-ker), 혹은 부스트(P. Wust)를 연상할 것이다. 이들 중에서 맨 끝에 이름을 든 부스트는 명백히 자신의 철학을 실존철학이라는 이름으로 부르기까지 하였다.[7] 그러나 그들은 모두 기독교적인 신앙 경험을 통하여 그들의 입장 속에 이미 하나의 전체를 가지고 있다. 이 전체 속에서 실존철학은 비록 결정적으로 중요하기는 하나, 오직 하나의 구성 요소를 이루고 있을 뿐이다. 이 부분을 뛰어 넘을 때에 비로소 실존철학으로서는 도달할 수 없는 최후적 일보가 참다운 종교적인 태도로 옮아 가게 된다는 것이다.

이와 같은 제한은 위에서 비교상 인증(引證)하였던 시인 릴케에 있어서도 명백하다. 여기에서는 '시적인 표현' 자체를 일정한 철학적인 사상과 비교한다는 것이 이미 의심스럽다는 문제가 일어난다. 이 문제와는 별도로 그의 정신적인 세계 안에는 독특한 측면이, 특히 그가 인간적인 현존재의 '불안전성'을 드러내는 '날카로움'이 있다. 이것은 경우에 따라서는 실존철학과 관계될 수도 있다. 그러나 다른 관계에서 본다면 그의 '우주적인 것'으로 멀리 뻗어 있는 독특한 세계관과 인생관 속에서 그는 실존철학적으로 파악

할 수 있는 영역을 멀리 넘어선다.[8)]

　이와 같이 사람들은 실존철학자라고 불리는 몇몇 사상가로부터 실존철학을 이해하려고 할 때, 그것은 이미 두 손 사이로 빠져 달아나는 똑같은 경험을 어디서나 거듭하게 된다. 실존철학은 각 개별적인 사상가에게 있어서는, 실존철학으로서는 이미 파악될 수 없는 하나의 커다란 전체 속에 있는 한 부분에 불과하다. 그러나 이 독특한 경험은 우연적인 것이 아니라, 정당하게 이해된다면 이미 실존철학의 본질적인 특징을 나타내는 것이다. 다시 말하면 순수한 실존철학이란 있을 수 없다. 여기에서 우선 하나의 독특한 난관으로서 실존철학을 이해하려고 할 순간에 나타나는 바로 이 사실은, 실존철학의 가장 내면적인 본질 속에 깊이 뿌리를 박고 있으며, 또 그 본질로부터 파악되지 않으면 안 된다. 사람들은 실존철학 옆에 언제나 서 있을 수 없으며, 그리고 어떤 입장으로 다시 그것을 넘어서지 않으면 철학의 전체를 위하여 그것을 해명할 수 없다는 것이 실존철학 자체의 본질 속에 있다. 그것은 그의 본질상 '철학하는 것'을 심각하게 파악할 수 있도록 이끌어 주는 하나의 통로이다. 뿐만 아니라 그것은 철학을 최종적으로 철저화시키는 유일한 길이기도 하다. 그러나 그는 동시에 그의 테두리 안으로부터 필연적으로 자기 자신을 넘어서 실존철학으로는 파악될 수 없는 한층 더 포괄적인 인생관으로 돌진한다. 이 관계는 그것이 처음으로 나타났을 무렵에는 가끔 간과되었다. 오늘날 그 점은 그 사이에 얻은 커다란 시간적인 거리와 현실화된 많은 발전으로 똑똑히 드러나 있다. 이리하여 우선 개별적인 철학자들의 우연적인 특수성에서 드러나 이 사실을 더욱 깊이 실존철학의 본질로부터 파악하는 것이 중요하다. 이 관계를 파악하는 것이 이 책에서 문제삼은 근본적인 과제들 중의 하나다.

3 서술의 목적과 방법

실존철학을 파악하려는 노력은 처음부터 중대한 난관에 부딪히게 된다. 또한 어떤 완결된 일파의 실존철학자들을 기초로 하여 그들로부터 직접 어떤 통일적인 모습을 찾아낼 수도 없다. 도리어 여기에서 문제되는 모든 이 사상가들에 있어서는, 실존개념의 근원적인 경향으로부터는 이해할 수 없고 오직 각 사상가의 특수한 의도로부터 이해되는, 완전히 서로 다른 '새 보충'과 개조가 중요한 문제로 되어 있다. 일부에서는 실존철학이라는 이름까지도 거부한다. 그러므로 사람들은 개별적인 사상가로부터 실존철학의 하나의 완결된 형상을 찾아내기 위하여 각 사람에게 독특한 새 보충의 특수성으로부터 눈을 떼고 그가 다른 사람과 서로 일치되는 특별히 실존철학적인 요소를 그의 광범한 사색 전체로부터 다시 분리해 내지 않으면 안 된다.

그러나 이것을 형식상으로 보면 하나의 순환론에 빠지게

된다. 한편으로 사람들은 개별적인 철학자들에게 하나의 순수한 실존철학이라는 표준을 적용하여 그들에게 있어서 무엇이 이 영역에 속하는 것으로서 생각되며 또 무엇이 다른 종류의 관심으로서 이것과 구별되는가를 결정하여야 한다. 다른 한편으로 사람들은 오직 이 철학자들 자신으로부터 비로소 실존철학이라는 개념을 얻을 수 있다.

이와 같은 모순은 실존철학자들로부터 주어진 공통적인 소재를 어떤 자유스러운 방법으로 처리하여, 그들의 독특한 실존 개념으로부터 일어나는 귀결을 체계적으로 추리함으로써 하나의 '전체적인 것'을 찾아내는 일에 노력을 기울일 때에, 비로소 대체적으로 해결될 가능성이 있다. 그리고 이 '전체적인 것'은 한두 사람의 개별적인 사상가를 인증하는 것으로써 그 기초를 세울 수는 없고, 오직 그와 같이 나타난 사상 연관을 밀접히 결합함으로써 기초가 주어진다. 이와 같은 이념형적인 방법이 실시될 수 있다는 사실은 동시에 이 방법이 정당하다는 것과 여기에서 실존철학이라는 이름 밑에 일괄한 사상가들이 실제로 밀접한 '동질적인 것'이라는 것을 증명하게 된다.

이러한 의미에서 여기에서는 실존철학의 서로 다른 사상가들의 서술로부터, 특히 야스퍼스와 하이데거로부터, 그리고 또 부분적으로는 키에르케고르로부터 나타난 소재를 가지고 실존철학의 '하나의 모습'을 그려내도록 힘쓰지 않으면 안 된다. 그러나 여기에서 이 소재를 구별함에 있어서 적용되는 표준은 사상 자체의 엄밀한 논리학으로부터 얻어져야 한다. 이미 이름이 난 사상가에게 있는 것이건, 혹은 새로 등장한 사람에게 있는 것이건, 어쨌든 모든 새 보충과 개조의 시도로부터 의식적으로 눈을 뗌으로써 실존철학의 근본 사상을 우선 그의 아주 순수한 모습에서 밝혀 내지 않으면 안 된다. 이 경우에는 문제되는 철학자들의 저서를 토대로 하여 그 독자성을 파악하도록 하여야 하지만, 결국 목표는 전체의 모습을 얻는 데 있으므로, 그 서술은 각 개인의 사상 과정으로부터 떠나야 한다는 것이 본질적으로 요구된다.

여기에서 중요한 것은 직접 실존철학을 선전적으로 옹호하여 그의 새로운 신봉자들을 구득하는 일도 아니요, 그렇다고 그것에 대하여 비판적으로 대결하는 것도 아니다. 이에 앞서서 우선 그의 독특한 기능을 밝히고, 그렇게 함으로써 모든 효과적인 대결이 비로소 가능하게 될 전제를 만들어 주는 것이 무엇보다 중요하다.

이러한 방법으로 해명하려는 입장에 있어서, 무엇보다 중요한 것은 실존철학의 근원적인 발단을 필요에 따라서는 강제적인 힘을 써서라도 모든 은폐와 새 보충으로부터 드러내는 일이다. 이 경우에 실존철학은 생철학에 대하여 근원적으로 가깝고, 또 역사적으로 친근하다는 사실을 항상 명심해 두는 것이 이 서술을 진행하는 데 무엇보다 필요하다는 것도 밝혀질 것이다. 이러한 생각은 아직 서로 얽혀 있는 출발 당시의 공통성으로부터 다시 실존철학에만 있는 특수성을 더욱 날카롭게 드러낼 수 있게 된다. 실존철학을 신봉하는 사람들이 보통 가지는 생철학에 대한 경멸적인 태도에 반대하고 이 두 운동의 밀접한 공통성을 밝힘으로써[9] 비로소 생철학 속에 있는 뿌리로부터 실존철학의 특수한 기능을 드러낼 수 있다.

주

1. J. E. Angelloz ≪Rainer Maria Rilke≫(1936), 322면. 동 ≪Rilke≫(1952), 9면 참고.
2. Urs von Balthasar의 ≪독일 정신의 묵시록≫(1938), 제3권 죽음의 신격화.
3. K. Jaspers의 ≪실존철학≫(1938).
4. K. Jaspers ≪철학≫(1932), 앞으로는 다만 권과 면의 수로만 인용함.
5. M. Heidegger의 ≪존재와 시간≫ 전반부(1927), 앞으로는 SuZ.로 인용함.
   1953년의 제7판 이래로 후반부의 완성이 단념되어 있음.
6. 특히 M. Heidegger의 ≪근거의 본질≫(1927) 참고. 하이데거 후기 사상에 관해서는 다시 그의 ≪플라톤의 진리론≫·≪휴머니즘≫(1947) 참고.
7. Peter Wust의 ≪인간과 철학, 실존철학 입문≫(1946).
8. 다시 R. Guardini의 ≪Rainer Maria Rilke의 현존재 해석≫·≪두이노의 비가≫의 하나의 해설(1953).
9. 생철학에 관해서는 저자의 ≪딜타이, 그의 철학으로의 입문≫(1936, 신판 1953)을 참조.

Ⅱ 실존하는 사상가

1 실존개념의 근원

실존철학의 기초에 놓여 있는 실존이라는 개념은 인간 속에 있는 어떤 아주 명확하고 결정적인 체험 능력을 사상적으로 나타내는 표현이다. 이 능력은 침범할 수 없는 최후의 것이라는 성격으로 말미암아 다른 삶이 모두 명확하지 못하고, 결정적인 것이 못 되는 것과 뚜렷이 구별된다. 다음부터는 간명하게 하기 위하여 간단히 '실존하는 체험'이라고 부르기로 한다. 그러므로 실존철학을 명확하게 이해하는 데 없어서는 안 될 전제는 이 독특한 체험 능력과 여기에 기초를 둔 실존 개념을 엄밀하게 파악하는 것이 된다. 물론 이 개념은 서양 사상의 역사 속에 깊이 뿌리를 박고 있다. 그러나 이것은 실존철학에 의하여 하나의 특수한 그것에만 독특한 의미로 사용되며 새로 보충된다. 따라서 이 개념은 철학이 그 속에 지니고 있던, 그리고 일상적인 용어 속에서 널리 사용되었던 과거의 의미와 구별된다. 처음부터 이 한계의 결정을 뚜렷하고 철저히 하는 것이 특히 중요하다. 왜냐하면 여기에는 서로의 혼동이 따르기 쉬우며, 사실 노상 혼동되어 왔기 때문이다. 그러나 이러한 혼동으로써는 처음부터 실존철학의 적절한 이해를 바랄 수가 없다.

실존이라는 실존철학적인 개념도 결국 존재자를 본질(essentia)과 실존(existentia)으로 나누었던 예전의 구분으로 거슬러 올라간다. 이때에 본질은 널리 알려져 있듯이 '어떤 무엇(=사물)'이 바로 그것인 것(was etwas ist, 예를 들면 나무가 바로 그것인 것, 나무가 바로 나무인 까닭), 다시 말하면 이 존재자의 내용적인 규정들(=속성들)을 이루고 있는 것을 말한다. 그러므로 본질은 '그와 같이 있는 것'(So-sein, 예를 들면 나무가 다른 모양으로 있지 않고 바로 그와 같이 있는 것=본질) 혹은 보다 엄밀히 말하면, 모든 우연적인 '그와 같이 있는 것'이라는 규정들을 제거한 뒤에도 남아 있는 본질적으로 '그와 같이 있는 것', 혹은 간단히 말하면 사상(事象)의 본질을 의미한다. 이에 반하여 실존은 '어떤 무엇(=사물)'이 있다는 사실 다시 말하면, 이러이러한(어떤 구체적인) 성질의 존재자가 현실적으로 있다는 사실을 가리킨다. 내용적인 규정들의 다양성에 대하여 여기에서는 오로지 '적나라한' 사실(Dass)이라고 하는 하나의 계기만이 문제다. 그러므로 실존은 현존(Dasein=현실적으로 눈 앞에 있는 것)이라는 의미에 있어서의, 혹은—애매한, 현대적인 의미로 말한다면—이 존재자의 실재성이라는 의미로서의 존재를 의미한다.

그러나 그 뒤에 실존이라는 이 개념은 실존철학에 의하

여 결정적인 방식으로 개조되었다. 즉 실존철학에 있어서는 우선 적용의 범위(=외연)가 줄어서 다만 인간에게만 적용될 수 있다. 따라서 실존은 실존철학의 용어 속에서는 언제나, 또 필연적으로 인간의 실존을 의미한다. 그러나 이와 같이 외연(外延)이 좁아짐에 따라 이 개념의 내용도 변하여지며, 그 결과 하나의 새로운 규정성을 가진다. 실존은 이제 실존적인 체험을 토대로 하여 이루어지는 일정한 해석을 받고 있는 인간적인 현존재(Dasein, 일반적으로 현실적인 인간을 가리킴)를 의미한다. 실존을 통하여 실존철학에 있어서의 인간상과 그 이전의 관념주의적인 철학이나 휴머니즘적인 철학의 형식들과는 본질적으로 구별된다.

2 키에르케고르의 '실존하는 사상가'라는 개념

이 새로운 해석으로 들어가는 가장 이상적인 방법은 아마 키에르케고르의 '실존하는 사상가' 혹은 '주체적인 사상가'라는 개념에 의하여 제공될 것이다. 그는 이 개념을 1846년의 ≪철학적인 여러 단편≫에 붙인 〈궁극적인, 비과학적인 부록〉 속에서 전개하고 있다. 사람들은 여기에서 종래의 실존 개념이 실존철학적으로 개조되어 가는 과정을 그의 유래를 통하여 더듬어 볼 수 있다. 모든 철학상의 본질적인 새로운 용어가 그러하듯이 실존하는 사상가라는 개념은 어떤 격심한 논쟁의 분위기로부터, 이를테면 헤겔, 혹은 일반적으로 관념적이며 체계적인 철학과의 대결로부터 유래되었다. 그리고 오직 그로부터 정당하게 이해될 수 있다. 이 개념은 키에르케고르가 누구보다 헤겔에서 구체화되어 있는 것으로 보는 추상적인 사상가, 혹은 체계적인 사상가에 반대하는 투쟁 개념이다. 그리고 모든 객관적이고 체계적인 철학에 대한 이 대항은 뒤에 오는 실존철학의 여러 형식에 있어서도 결정적인 특징으로 되어 있다.

실존하는 사상가를 문제삼는 데 있어서는, 어떠한 양식으로 어떤 일정한 사람의 사고가 그의 '실존하는 것'(이 말은 우선 아직 애매한 의미로 사용됨)에 관계하는가 라는 문제가 중요하다. 여기에서 추상적인 사상가라는 이름 밑에서, 사고함에 있어서 순수한 사상이라고 하는 일종의 매개물 속에서 벗어나지 못하고 있다. 그리고 그의 현존재의 특수한 요구와 전제들에 대해서는 아무런 관심도 갖지 않는 사람들이 그것을 이해하고 있다. 이에 대하여 실존하는 사상가는 다음과 같은 사람이다. 즉 그의 사고는 그의 삶에서 오는 과제와 곤란들을 다루며 따라서 그의 사고는 그 자체에 목적이 있는 것이 아니고 '실존하는 것'에 봉사하는 것이다. 추상적인 사상가는 순수한 이론적인 태도로부터 사고한다. 그런 까닭에 그의 인식 과정에는 흥미가 없다. 이에 대하여 주체적인 사상가는 그의 사고가 정열에 불타는 자신의 현존재의 특수한 필요 속에 뿌리를 박고 있으므로 흥미가 없을 수 없다. 그러므로 그는 충심으로 자기의 사고에 관계한다. "객관적인 사상가는 사고하는 주체와 실존에 대하여 무관심한 데 반하여, 주체적인 사상가는 실존하는 사람으로서 그의 사고에 본질적으로 흥미를 가진다. 즉 그는 바로 그 속에서 실존한다."(Ⅳ 155)[1]

이 경우에는 두 가지 사고 형식의 구별은 같은 자격을 가지고 있는 형식의 대립으로서 이해될 것이 아니다. 주체적인 사상가는 인간 생활에 적합한 사고의 형식을 지시하는 데 반하여, 객관적인 사상가는 실제적인 생활의 과제로부터 이탈한 사고의 형식이다. 추상적인 사상가에 있어서는 존재와 사고가 필연적으로 분리된다. 사고는 아무런 저항이 없는, 그러나 또한 정처 없는 무한한 가능성의 영역 속에서 자신을 잃고 있는 데 반하여, 그 자신의 현존재는 철학적으로 미개지(未開地)의 상태로 남아 있다. 그는 자기 고유한 현존재의 과제들로부터 눈을 돌려야 하며, 그리고 그것을 "사람들이 지팡이를 옆에 놓듯이 옆에다가 남겨 놓지 않으면 안 된다."〔Ⅶ 2〕 실존하는 사고는 이것으로부터 뚜렷이 구별되어, 여기에 있어서는 사고 속에서 언제나 '실존하는 것' 자체의 과제가 문제인 것이다.

이것으로써 동시에 사색의 외적인 형식도 결정된다. 즉 체계적인 형태는 추상적인 사고에서만 달성된다. 이것은 실제의 삶에서 오는 난관과 저항들을 초월해 있다. 왜냐하면 실제의 삶 속에서는 사상적으로 세계상을 완성하려고 하는 의지가 현실의 저항과 인생 자신의 본성 때문에 난파 (難破)되는 까닭이다. 한편으로는 자기의 특수한 요구를 가지고 있는 각 개인의 그때 그때의 중심 입장이 전체에 관한 전망을 방해하며 그리고 그로 하여금 그때그때에 일정한 부분적인 견해에 사로잡히게 한다. 다른 한편으로는 인간적인 현존재 자신이 일정한 사상을 끊임없이 전개할 수 없게 되어 있다. 인간적인 현존재는 그의 본질에 있어서 사상과는 거리가 멀다. 실존하는 것은 자신을 사고케 하지 않는다. 현실적이요, 행동적이며, 그리고 스스로 결단하는 실존 생활은 사고와는 아주 다른 영역 속에서 일어난다. 그리고 실천하려는 순간에 모든 사상적인 파악을 물리쳐 버린다. 사고는 다만 봉사하는 일원으로서, 말하자면 생생한 실존 생활의 막간에 입참(入參)하며, 그리고 언제나 생생한 실존 생활의 실천에 의하여 중단된다.

이리하여 키에르케고르는 그의 체득을 다음의 명제 속에 요약할 수 있다. "실존에 있어서는 사고는 인연이 먼 하나의 매개물로서 존재한다."〔Ⅷ 29〕 "실존하는 사람은……순간적으로 사고한다. 그는 미리 앞서서 사고하며, 그리고 끝난 뒤에 사고한다. 그의 사고는 절대적으로 계속될 수 없다."〔Ⅸ 26〕 과연 그렇다. 인간의 삶은 그의 마지막 핵심에 있어서는 '역설(Paradox)'이다. 그의 가장 근본적인 문제들 속에서 바로 모순이 명백하게 드러난다. 이 모순 앞에서 사고의 무력이 드러나며, 이것을 통하여 끊임없는,

고뇌에 찬 운동 속에 잡혀 있게 되는 것이다.

3 생철학(生哲學)에 대한 관계

여기는 키에르케고르의 '실존하는 사상가'라는 개념을 더욱 엄밀하게 따져 들어갈 장소가 아니다. 도리어 몇 가지 암시로 실존철학의 일반적인 출발 상황을 다시 말하면, 사고는 현실의 모순 앞에 무력하다는 것과 사고는 사고하는 사람 자신의 현존재로부터 일어나는 과제들과 관계한다는 점을 우선 예비적으로 밝히는 데 오직 도움이 되도록 하였을 뿐이다. 그러나 이러한 규정들에 의하여 비로소 실존철학의 출발점이 매우 불충분한 정도이기는 하지만 대체로 설명되었을 것이다. 그리고 처음에 새로운 생철학에 관해서도 이것과 똑같은 구호가 사용되었을 것이다. 생철학도 원칙적으로 똑같은 방법으로 사고를 삶에 대한 그의 기능으로부터 이해하려고 하며, 동시에 개념적으로 파악할 수 있는 모든 것은 삶의 무궁성 앞에 무력하다는 것을 강조한다.

여기까지는 실제로 생철학과 실존철학은 완전히 일치한다. 그들은 그들의 첫 발단으로 볼 때에 함께 시작된 하나의 운동으로서 이해되어야 한다. 그러므로 사실상 지금까지의 규정 속에서 삶과 실존이라는 표현이 마음대로 서로 혼용될 수 있었던 것이다. 이 근원적인 공통성을 토대로 할 때에 비로소 두 운동 사이에 있는 성격상의 차이가 드러나게 된다. 이 차이는 인간적인 현존재가 그들에게 어떻게 해석되었는가, 그것이 삶과 실존이라는 그들의 독특한 근본 개념 속에서 어떻게 표현되는가 라는 데 있다. 삶이라는 개념에 있어서는 내용적인 규정을 풍부하게 하는 데 중점을 두고 그 형태가 끊임없이 유동하고 변화한다는 계기가 표면에 나타나며, 동시에 각 개별적인 삶이 모든 것을 포괄하는 전체적인 삶에 의하여 보존되어 있다는 느낌이 따른다(이것은 모든 생철학 속에 있는 범신론적인 근원에서 오는 결과다). 이에 반하여 이 모든 내용적인 규정들은 실존 개념에 와서는 모두 없어져 버리고, 이 모든 규정들이 관계하고 있는 근원인 실존하는 것, '적나라한' 사실만이 남게 된다.

생철학의 입장에 대하여 한 걸음 나아가서 어떤 적절한 철저화가 필요하다는 것은 사고의 불완전성을 강조하는 태도에도 나타난다. 생철학으로 보면 사고가 불완전하다는 것은 다음과 같은 것을 의미한다. 즉 일반적인 개념들을 사용하는 사고는 원래 현실을 개개의 구체적인 규정의 충실 속에서, 그리고 그의 끊임없는 생생한 운동 속에서 남김 없이 드러내기에는 너무나 조잡한 도구에 불과하다는 것이다. 이러한 생철학적인 비합리주의 속에는 적어도 사고는 한 걸음 한 걸음 현실에 접근하여 갈 수 있다는 전제가 아직도 남아 있다. 이에 대하여 실존철학은 사고의 불완전성을 근본적으로 드러낸다. 즉 사상적으로 설명하려는 모든 노력은 모순에 봉착하게 되며 이 모순은 풀 수 없는 것이므로 사고는 끊임없는, 그러나 전망할 수 없는 운동 속에 잡혀 있게 된다는 것이다. 역설이란 절망적으로 풀 수 없는 모순을 일컫는 말이다. 이 모순 앞에서는 사고는 난파하도록 선고받고 있으며, 그리고 이 모순은 바로 그의 현존재에서 나타나는 근본적인 문제와 면밀하게 관계되어 있기 때문에 아무리 하여도 이것으로부터 벗어날 도리가 없는 것이다.

4 흔히 있을 수 있는 오해

사람들은 실존이라는 개념이 너무나 성급하게 다른 언어 사용법과 외면적 유사성을 가지고 있기 때문에 실존철학을 여러 가지로 오해하여 왔다. 사람들은 실존을 "그 사람은 생계(Existenz, 실존과 같은 말이나 뜻이 다름)를 얻는다." 혹은 "생계를 다시 잃는다."라고 말할 때와 같은 인간의 외면적인 실존(이때에는 생계를 의미한다)의 뜻으로, 따라서 실존은 생활 유지에 충분한 일정한 경제적인 상태라고 하는 사회적인 뜻으로 받아들였다. 이와 동시에 "실존적인 사상가는 그의 사고에 본질적으로 흥미(=관심)를 가진다."라는 실존철학적인 표현을 경제적 혹은 정치적인 이해 대립의 관련으로 바꿔 놓았다. 이리하여 사람들은 실존적인 사고라는 이름 밑에서 일반적으로 '어떤 지위와 결합된 사고'를 이해하였다. 그러나 이것은 삶의 가능성의 가장 깊은 곳으로부터 우러나는 '삶에 대한 보다 일반적이고 생철학적인 관계'와는 서로 대립하는 것으로서 본질적으로는 사고하는 사람의 물질적인 이해와 관계되고 있는 것이다. 사람들은 특히 이것을, 모든 고귀한 정신적인 노력들을 경제적인, 혹은 권력적인 추구에로 환원하려는 견해 속에 있는 현실 폭로적인 의미로 이해하였다.

그러나 아무리 이 견해가 그의 일정한 한계 안에서는 정당하다고 하더라도 이것을 진정한 의미의 실존철학과 관련시키는 것은 말이 안 된다. 이러한 혼동을 어느 정도 쉽게 일으키게 한 유사성은 실존에 있어서도 '정신적인 삶' 속에 있는 유희적(遊戱的)인 가능성들이 지양되고, 진지한 엄숙성만이 존재하는 데 있다. 그러나 그 이상으로 실존철학에서 뜻하는 실존은 이러한 물질적인 실존과 아무 관계가 없다. 도리어 그와는 아주 반대로 실존은 인간의 마지막 내면적인 핵심, 즉 마지막 무조건적인 중심을 표현하는 것이며 이것에 비하면 인간에 관한 생철학적인 표현들도 아직 외면적인 것으로 보인다. 실존철학이 그의 독특한 요구를 표현할 목적으로 개념화하려는 '있는 그대로의 사실'이라는 계기가 실존이라는 개념 속에 있으며 이것은 인간적인 현존재 속에 있는 이 마지막 내면적인 현실성이 모든 일정한 내용적인 표현으로부터 멀리 떨어져 있다는 것을 특히 날카롭게 강조한다.

이 차이는 벌써 위에 간단히 언급한 주체적인 사상가에 대한 설명 속에 포함되어 있다. 거기에서 주체적 사상가는 그의 실존에 관심을 가진다. 더욱 엄밀히 말하면, 그는 그것에 '무한히 관심'을 가진다고 했다. 이때, 키에르케고르도 여기에서 말하는 '관심(das Interesse)'을 본래 단수로 사용하였다. 이것은 그의 의도에 있어서 매우 중요하다. 그것은 서로 경쟁할 수 있는 여러 가지 노력 방향의 다양성으로부터 이해될 것이 아니고, 인간의 삶 속에 있는 마지막 무제한적인 것을 말하기 때문이다. 이 주체적인 사고의 주체는 경험적인 잡다성(雜多性)으로서의 개성이 아니고, 모든 이러한 잡다성에 앞서는 마지막 중심점이다. 일반적으로 실존철학은 기독교의 어떤 일정한 해석으로부터 성장하여 왔기 때문에 실존철학적인 개념들을 그들의 유래해 온 기독교적인 개념들로부터 음미하는 것이 여러 가지로 편리하다. 이러한 의미에서 사람들은 실존하는 것에 대한 관심을 영혼의 구원을 위한 염원으로부터 이해하여도 좋을 것이다.

주

1. 키에르케고르는 앞으로 쉬렘프의 독일 번역본과 면수로써 인용됨.

Ⅲ 실존적인 경험

1 실존적인 경험의 수행

'삶'이라는 개념에 대하여 실존이라는 개념을 적극적으로 규정하는 본질적인 것이 무엇인가 하는 것은 단순한 정의로써 확언할 수가 없다. 그것은 그 자체가 어떤 일정한 인간의 심각한 경험을 철학적으로 표현한 것이기 때문이다. 그러므로 여기에서는 이 특수한 경험의 과정을 적절히 묘사함으로써 그것의 생생한 재연(再演) 속에서 드디어 실존 개념의 진정한 이해가 우러나도록 하는 것만이 가장 적절한 하나의 길이다.

실존이라는 개념으로 불리어지는 인간의 가장 내면적인 이 핵심은 정말 최후적인 것이며, 무제한적인 것으로서 그 특수성은 다음과 같이 지적되고 있다. 즉 풍부한 삶의 내용들이나 삶의 관계들은, 다시 말하면 생철학이 그것의 가장 적절한 매개물로서 언제나 문제삼는 모든 것은 이 핵심에 비하면 아직 외적인 것에 불과하다. 그리고 인간은 이 핵심과 대립해서 이것으로부터 멀어질 수 있는 매우 다른 영역을 가진다. 자연적인 생활 경험 속에서 내용적으로 삶에 속하여 있는 것, 인간이 처리할 수 있는 것, 인간이 어떤 의미에서 그가 "지니고 있다."라고 말할 수 있는 것, 이 모든 것에 관해서 사람은 어느 적당한 찰나에 그것은 본질적으로 그에게 속하여 있는 것이 아니라는 사실과 그리고 그것을 그로부터 제거하더라도 그에게 있는 가장 내면적인 마지막 핵심은 그로 말미암아 어떤 피해도 입지 않는다는 사실을 경험할 수 있다. 그렇다. 그가 진정한 재연과 추체험(追體驗) 속에서 진심으로 이러한 것으로부터 벗어날 때 비로소 그 자신 속에서 최후적인 안전과 무제한적인 것을 얻게 된다. 인간의 가장 내면적인 마지막 핵심은 내용적으로 지시할 수 있는 모든 것을 초월해 있다. 그리고 이것은 도리어 내용적으로 규정할 수 있는 모든 것이 외적인 것으로서 그로부터 이탈될 때 비로소 접근될 수 있다. 바로 이 핵심을 엄밀한 실존철학적인 의미에서 '실존'이라고 부른다.

이리하여 인간은 그의 모든 재산과, 그가 보통 그 속에서 안전함을 느끼는 정다운 고향이 내면적으로는 그와 인연이 멀다는 사실을, 그리고 이런 것에 집착할 때 사람은 그 자신을 잃는다는 것을 아마 경험할 수 있을 것이다.— 여기에서 실존이 실현되어 가는 내면적인 과정이 간단히 암시된다.—이에 대응하여 사람은 또 그 신체의 영역에 속하는 모든 것, 즉 팔다리를 가지고 있는 것이라든가, 감각을 사용하는 것이라든가, 유능한 또는 결함 있는 육체라든가 이 모든 것이 마찬가지로 그에게 외적이라는 사실을, 그리고 그 본질의 마지막 핵심은 이러한 영역에서 일어나는 어떠한 중대한 손실에도 흔들리지 않으며 감퇴될 수 없는 깊은 곳에 있다는 사실을 경험할 수 있을 것이다.

여기에서 이미 실존이 삶이라는 개념과 엄밀히 구별되는 그의 본질적인 최초의 특성이 나타나게 된다. 삶은 더욱 굳세게 또는 약하게 될 수 있으며, 더욱 부하게 또는 가난하게, 더욱 귀하게 또는 천하게 될 수 있고, 또 스스로 변하며, 성장하며, 쇠퇴할 수 있다. 그러나 실존은 이러한 규정들을 초월해 있다. 그것은 어디까지나 오직 전체로서 얻어질 수도 있고, 또 잃게 될 수도 있다. 그것은 본질적으로 나누어질 수 없으며, 사람이 죽거나 혹은 정신이 완전히 산란하게 될 때 비로소 중단되는 것이다.

그리고 똑같은 경험이 다시 정신 영역과 문화의 세계 안에서도 되풀이된다. 아무리 그들의 독창적인 가능성들이 풍부하여 생활을 증진하고 향상시키는 데 유용하다고 하더라도, 아무리 그것이 사람을 심각하게 감동시킬 수 있다 하더라도, 그것 역시 인간에게 있어서 외적인 것일 수밖에 없으며, 사람이 이 영역을 최후적인 것이라고 믿을 때 그는 이것 때문에 그 자신을 잃을 수 있다. 이 사실을 통하여 위에서 말한 경험이 조금도 감소되지 않음을 알 수 있다. 이것은 인간의 가장 깊은 가능성이나 그 자신의 마음 속에까지도 적용된다. 인간이 소질이나 능력으로서 자신 속에 가지고 있는 것, 그가 예의나 예능으로서 자신 속에 습득한 것, 아니 가장 내면적인 윤리의 영역에서, 다시 말하면 선량한 덕행이나 착실한 인격으로서 지니고 있는 것에 이르기까지 이 모든 것에서도 사람은 역시 다음과 같은 경험을 할 수 있다. 즉 이 모든 것은 결국 인간에게 있어서 역시 외적인 것이며, 이 '이외에' 이러한 모든 본질의 규정들—보다 우연적이건 혹은 보다 근본적이건—속에 분해할 수 없는 무엇이 인간 속에 있다 라고……. 인간이 이 경험의 모든 과정을 실제로 진실하게 체험한다면—비록 그 자체는 파악할 수 없다고 하더라도—말하자면 모든 상상할 수 있는 내용적인 규정들을 물리친 뒤에 인간 속에 남아 있는 것이 바로 엄밀한 실존철학적인 의미에서 실존의 경험이다.

2 기독교적인 해석에 대한 관계

여기에서는 이 경험의 관련을 그 각 단계에 따라서 기술하는 것이 아니고, 다만 그것을 실존적인 근본 체험을 이해하는 데 필요한 정도로 전개하는 것이 요청된다. 지금까지 실존의 특징을 말하기 위하여 인간 속에 있는 최후적인 내면성이니 혹은 가장 근본적인 핵심이니 하는 표현을 많이 사용하였다. 이것은 예비적으로 논하려는 방법으로 피할 수 없는 일이다. 그러나 엄밀히 말하면 이 표현은 이미 오해될 요소를 가졌다. 이것은 외적과 내적이라는 어떤 공간적인—아마 열매에서 설명될—관계를 기초에 가지고 있다. 이 '외적'과 '내적'은 핵심(열매의 씨)과 외피(外皮)처럼 공통적인 하나의 공간 속에 있으며 양극적으로 서로 관계하고 있는 것이다. 그러나 실존은 이와 같은 의미로 외적인 것에 대립하는 내적인 것은 아니다. 도리어 그것은 공간적으로 구상화할 수 있는 이러한 형상으로부터 벗어나는 어떤 근본적인 비약을 통하여 비로소 나타나게 된다. 그것은 엄밀히 말하면 내용적으로 지시할 수 있는 모든 것의 '피안(彼岸)'에 있다. 그러므로 그것에 관해서는 소지품처럼 몸에 지닐 수 있는 어떤 고정적인 지식이 있을 수 없다. 그것은 사람들이 파악하려고 생각하는 순간 어느새 사라져 버린다. 그리고 오직 이러한 부정 자체를 끝없이 수행할 때에만 나타난다.

사람들은 다시 실존철학의 유래를 기독교적인 어떤 생활 감정으로부터 찾아내어 이것을 해석의 실마리로 삼으려고 한다. 이 경우에 실존에서 결국 비본질적인 것으로서 밀려나간 모든 것에 대한 실존의 긴장 관계와 가장 넓은 의미로서의 세계에 대한 기독교적인 관계의 대조가 무엇보다 문제다. '세속적인' 문화에 대하여 기독교적인 입장이 가지고 있는 긴장은 이에 대응하여 실존철학에서도 그대로 되풀이된다. 이리하여 실존적인 운동을 끝까지 수행하는 데는 결국 기독교의 종교적인 근본 경험이 문제된다. 그러나 이것을 실존철학에서는 아주 종교적으로 해석하기 이전에 우선 일반적인 근본 구조에서 밝혀 낸다.

　사람들은 지금까지 설명된 실존적인 체험을 이른바 '부정적인 신학(negative Theologie)'과 비교대조함으로써 더욱 명백하게 할 수 있다. 이 신학은 다음과 같이 가르친다. 신에 관하여 사람이 생각해 낼 수 있는 모든 진술은 필연적으로 거짓이 될 것이다. 왜냐하면 그것은 이미 규정된 진술이므로 신의 무한성을 유한하게 만들어 버리는 까닭이다. 그러므로 사람들은 직접 인식할 수 없는 신의 본질을 다만 다음과 같이 간접적으로 경험할 수 있을 것이다. 즉 신에 관하여 가능한 모든 표현을 다 해 보고 다시 부정함으로써 직접 설명할 수 없는 신의 본질을 이 부정의 과정을 통하여 경험하게 된다. 실존철학도 마찬가지로 다음과 같이 가르친다. 즉 인간 자신 속에 있는 실존이 무엇인가는 모든 가능한 내용적인 규정들을 적합하지 못하다고 하여 물리쳐 버리는 노력을 줄기차게 계속할 때에만 밝혀지게 된다. 이러한 '부정적인' 방법 속에서 최후로 남게 되는 것이 오직 실존이라는 것이다.

　그러나 이러한 표현들은 동시에 몇 가지 오해를 불러일으키게 하기 쉽다. 이러한 오해에 대하여 실존철학은 자신을 명백히 구별함으로써 그의 고유한 의도를 뚜렷하게 드러내지 않으면 안 된다. 그러므로 종교적인 경험과 친근한 관계가 있다는 말도 신중히 받아들여야 한다. 왜냐하면 이러한 친근성은 때때로 형식적으로 어떤 유사한 점이 있음에도 불구하고 역시 실제에 있어서는 매우 다른 방향에서 움직이는 형식들로 나타나는 까닭이다.

실존에 관한 진술을 비합리주의로 오해할 가능성은 앞에서 이미 언급했다. 사실에 있어서 비합리주의가 문제삼는 것은 내용적인 규정들이다. 다만 이 내용적인 규정들은 그의 구체성에 있어서 너무나 미묘하기 때문에 '오성(悟性)'이라는 거친 수단으로써는 파악되지 않으며, 사람은 이것을 감정이나 예감이라는 그의 비합리적인 힘으로 파악할 수 있다고 주장할 뿐이다. 이에 대하여 실존적 철학에서는 내용적으로 규정할 수 있는 모든 영역을 넘어서 사색적인 능력으로는 물론이고, 인간 속에 있는 비합리적인 힘으로도 접근할 수 없는 어떤 새로운 영역으로 직접 뚫고 들어가는 것이 무엇보다 문제된다.

이러한 구별은 신비적으로 침잠(沈潛)하는 입장에 대해서도 그대로 적용된다. 실존철학은 신비주의와도 아무런 관계가 없다. 에크하르트(Meister Eckhart)는 '만상으로부터의 초탈'[1]에 관해서 신비주의에 있어서는 사람의 심령까지도 그의 덕행에 구애되어서는 안 된다는 요지로 다음과 같이 말한다. "여기에서 심령은 모든 것을 잃어버린다. 신과 피조물……. 이 모든 것을 잃지 않으면 안 된다. 심령의 존립은 어떤 자유로운 무(無＝Nichts)를 토대로 하지 않으면 안 된다." 이때에 여기에도 유사한 점이 있다는 것을 잊을 수 없다. 신비주의는 모든 유한한 규정들로부터 벗어나는 노력을 기술하여 나가는 데 그 본질이 있다. 그러나, 그럼에도 불구하고 그 차이는 더욱 강조되어야 한다. 신비주의에 있어서는 인간이 신과 한몸이 되는, 혹은 더욱 범신론적인 태도로 우주와 한몸이 되는 체험이 문제다. 여기에서는 인간과 신 사이에, 혹은 인간과 세계 사이에 있는 한계가 없어지고, 개별적인 삶 속에 흡수되어 버린다고 느낀다. 이에 대하여 실존적인 체험은 정반대로, 이 과정을 아주 모순되는 서로 다른 것이 되어가는 과정으로서, 얽혀져 있는 모든 관계로부터 고립된 자아로 돌아가는 과정으로서 경험한다. 이것은 앞으로 불안이나 죽음에 대한 관계를 기술할 때에, 혹은 한계 상황 같은 것의 특성을 설명할 때에 더욱 똑똑히 드러나게 될 것이다. 신비적인 체험이 어떤 종교적인 마지막 법열(法悅)을 경험하는 방향으로 나가는 데 반하여, 실존적인 경험은 불안·절망이라는 아주 반대되는 감정적인 기초 위에 선다. 여기에서 그것은 신비주의의—위에서 말한—태도에서는 볼 수 없는 어떤 독특한 날카로움을 가지게 된다.

3 아시아적인 사고에 대한 관계

세상의 괴로움으로부터 해탈하는 길을 무(無)의 체험 속에서 발견하는 아시아적인 성실성의 웅대한 모습들을 여기에서 연상하는 것은 아마 당연한 일일 것이다. 그러므로 부처의 설법 속에서 다음과 같이 말할 때에 그것은 아주 비슷하게 들린다.

"그러므로 이러하다. 너희들 수행자(修行者)들아, 육체적인 것에 속하는 것은 과거의 것이나 미래의 것이나 현재의 것이나 자기의 것이나 혹은 남의 것이나 거친 것이나, 혹은 미묘한 것이나 천한 것이나 혹은 귀한 것이나 먼 것이나 혹은 가까운 것이나, 무엇이나 다 이 모든 육체적인 것은 완전한 지혜를 가지고 진리에 따라서 다음과 같이 판단되어야 한다. 즉 그것은 나의 것이 아니다. 그것은 내가 아니다. 그것은 나 자신이 아니다. 감정에 속하는 것도 무엇이나 다……. 지각에 속하는 것도 무엇이나 다……. 차별상에 속하는 것도 무엇이나 다……. 의식에 속하는 것도 무엇이나 다……. (같은 말로 더욱 계속) 이와 같은 통찰에서 덕을 닦은 현자는 너희들 수행자들아, 신체를 싫어하며 감정을 싫어하며 지각을 싫어하며 차별을 싫어하며 의식을 싫어한다. 출생이 시들어지고—늙어지고—고행이 완수되고 소업이 성취될 때, 이미 이 세상은 아니다. 이 때에 그는 깨닫는다."[2]

묘사의 유사성이 너무나 크므로 사람들은 여기에서 아시아적인 형이상학이 발전된 형식으로 서술된 것을 그대로 곧 실존적인 체험을 묘사하는 데 적용할 수 있을 것 같다. 즉 모든 유일한 규정들을 제거한 뒤에 진정한 절대자로서의 '무'가 남는다 라고.

이러한 방면으로부터 사람들은 또한 실존철학을 오해하

여 왔다. 그리하여 그것을 현대적인 의미에 있어서의 허무주의로 해석하려고 하였다. 그러나 사실은 이 놀라운 유사성에서 그 차이가 더욱 명백해진다. 이 차이 속에서 일반적으로 아시아적인 정신 태도와 서양적인 정신 태도 사이에 가로놓여 있는 차이가 다음과 같이 표명된다. 즉 누구보다 쇼펜하우어에 의하여 우리에게 가까워진 아시아적인 도(道)는 삶에 대한 의지가 순수한 명상의 태도 속에서 해소되어 버리는 것을 의미한다. 그것은 동시에 모든 긴장이 순수한 무위(無爲) 속에서 해소되는 것을 의미한다. 그러나 실존철학적인 무(無)는 아주 그와 반대적인 것이다. 그것은 이와 같은 무의 중압 밑에서 인간으로부터 압출(壓出)된 실존 생활의 최고 긴장으로 통한다. 무는 실존적인 사고에 대해서는 모든 친숙한 생활 관계를 끊어 버리고, 인간으로 하여금 그의 본질에 대하여 극단으로 긴장하게끔 강요해 주는 불쾌한 배경일 뿐이다. 무는 아시아인이 열반(涅槃)으로 들어가는 것처럼 인간이 그 속에 몰입할 성질의 것이 아니고, 인간으로 하여금 자기 자신으로 돌아가도록 밀어주는 것이며, 하이데거에서 결단이라고 하는 태도로서 충분히 전개된 바와 같은 태도로 들어가도록 강요해 주는 성질의 것이다. 그것은 동시에 다음과 같은 것을 의미한다. 즉 아시아적인 태도는 모든 시간을 영원성으로 지양하는 결과가 되는데 반하여 실존적인 태도에 있어서는 인간의 시간성과 역사성이 가장 날카롭게 강조된다.

4 우나무노(Unamuno)

사람들은 일찍부터 또 스페인 사람 우나무노를 연상하고 있을 것이다. 그의 저서 ≪돈키호테와 산초의 일생≫은 근본적인 부분에 있어서는 여기에서 서술될 실존철학적인 근본 태도에 가깝다. 일반적으로 그는 그와 같은 시대의 사람이며 같은 나라 사람인 오르테가(Ortegay Gasset)가 딜타이적이라고 낙인을 받는 생철학 편에 서 있듯이 아마 실존철학과의 관련 속에 서게 될 것이다. 우나무노는 여기에서 자기 멋대로 세르반테스의 소설에 나오는 돈키호테를 언제나 최후의 무조건적인 헌신을 각오하는, 그러므로 시민적인 편의주의나 처세술이라는 처지에서 보면 바보나 망상가로 보이는 영웅적인 인간으로서 뒤집어 해석한다. 여기에서 무조건적인 헌신이 최후의 극단에 이르러서 발밑에 현실이라는 발판을 잃어버리고 모험하는 위험으로 옮아가는 것이라면, 이것으로써 동시에 모든 실존철학의 일반적인 위험이 표현된다. 이것은 앞으로 비판적인 고찰에서 다시 연구되어야 할 것이다.

이러한 관련에 대해서 우나무노는 다음과 같이 말했다.

"확실히 세상에는 돈키호테가 산초로 하여금 다시 그의 안락한 생활을 버리게 하고 그의 평화스러운 직업을 떠나게 하고 또 헛된 모험을 추구하기 위하여 처자를 버리도록 결심하게 한 데 대하여 돈키호테를 비난하는 사람들이 있을 것이다……. 세상에는 불행한 인간이 되기보다 배부른 돼지가 되는 것이 좋을 것이라고 주장하는 어리석은 사람들이 있다. 그리고 또 성스러운 순박성을 갖은 구변을 다하여 찬양하는 사람들도 있다. 그러나 한번 인간성을 맛본 사람이라면 그것을—가장 깊은 불행 속에서도—돼지의 배부른 처지보다 좋아한다. 그러므로 사람들은 그와 가장 가까운 사람들의 마음을 불안케 함으로써 그의 가장 깊은 곳으로부터 정열을 돋우어 주어야 한다. 사람들은 마음으로 하여금 불안을 느끼도록 하여야 하며, 비록 그 노력의 목적이 결코 이루어질 수 없다는 것이 확신된다 하더라도 마음속에 하나의 강력한 동경을 불러일으켜야 한다. 사람들은 산초를 그의 고향으로부터 꾀어내야 하며, 그의 처자로부터 떼어내야 하며, 그리하여 그로 하여금 모험을 찾기 위하여 출가하도록 하지 않으면 안 된다. 즉 사람들은 그를 인간으로 만들지 않으면 안 된다. 세상에는 그 자신 속에 숨어 있는 내면적인 어떤 깊은 안식이 있다. 이것은 사람들이 가정적인 평화와 전원 생활 같은 외면적인 안식을 자신으로부터 떨어 버릴 때 비로소 얻어지게 된다"[3]

이 말들은 실존철학을 더욱 깊이 문제삼는 데 적절하다. 왜냐하면, 이것은 모든 유한한 사물로부터 이와 같이 이탈하는 것은 아무 활동도 하지 않는 순수한 명상으로 통하는 것이 아니고 바로 무조건적인 헌신과 결단으로 통한다는 사실을 밝혀 주는 까닭이다.

[주]

1. 마이스터 에크하르트의 ≪저술과 설법≫(H.Buttner에 의하여 중고 (中古) 독어로부터 번역되어 출판되었음) Ⅱ 164면과 다음 면.

2. 고타마 붓다의 설교 ≪중기집성≫(K.E.Neumann에 의하여 번역됨, 1922) 제22설교.

3. Miguel de Unamuno의 ≪돈키호테와 산초의 일생≫(O.Buck에 의 하여 독역되었음), (연도가 없음.) Ⅱ 25면과 다음 면.

Ⅳ   실존이라는 개념

1 야스퍼스와 하이데거의 요약적인 정식(定式)

이와 같이 자유스러운 형식으로 전개된 실존의 이해를 토대로 하여 이제는 실존철학자들이 인간적인 현존재의 본질을 압축된 형태 속에 요약하려고 하였던 독특한 정식(定式)들을 정당하게 이해할 수 있게 된다. 제일 먼저 우리가 주목할 사실은 무엇보다 실존이란 무엇인가를 내용적으로 규정할 수 없다는 일이다. 이 사실에 대하여 두 가지 다른 가능성이 있다. 그리고 실제로 이 두 가지가 다같이 채용되고 있다. 사람들은 실존의 본질을 개념적으로 파악할 것을 아주 단념하고 지금까지 설명된 바와 같은 실존 체험으로 인도하여 가는 방법에만 국한할 수 있거나, 혹은 처음에는 파악할 수 없을 것같이 보이는 실존의 본질을 다른 방법으로—역시 확실하고 투철한 어떤 개념의 형식으로—나타낼 수 있는 새로운 개념적인 수단들을 발전시키도록 노력할 수 있다. 야스퍼스는 처음의 길을 매우 힘을 주어서 옹호한다. "나는 나 자신에 관해서는 마치 내가 어떤 존립인 것처럼, 내가 무엇이라고 말할 수 없다."〔Ⅱ 5〕 "실존철학은 그가 다시 인간이란 무엇인가를 안다고 믿자마자 자신을 잃고 말 것이다."〔Sit. 146면〕[1] 이리하여 그는 오직 '호소하면서' 물어 나가는 데 국한할 것을 요구한다.

이에 대하여 하이데거는 두번째 길을 걷는다. 그도 실존의 본질은 어떤 일정한 '무엇(Was, 대상적인 것)'을 내용적으로 지시함으로써 규정될 수 없다는, 따라서 이 "존재자〔=실존〕의 본질 규정은 어떤 구상적인 무엇을 지시함으로써 실현될 수 없다."〔SuZ. 12면〕는 사실로부터 출발한다. 그러나 그는 다시 그 사상을 더욱 전개한다. 즉 비록 실존이 무엇인가는 개념적인 규정들을 초월해 있다고 하더라도 그 대신에 실존이 '어떠함(Wie)'은 파악될 수 있다는 것이다. 그는 다른 모든 존재자에 적용되는 본질과(여기서는 과거의 의미로)의 관계가 인간에게는 어떤 면으로도 적용되지 않는다는 사실로부터 출발한다. 이미 언급한 바와 같이 다른 것에서는 본질과 실존은 엄밀히 구별된 존재 계기이며, 이때에 실존은 일정한 본질에 따를 수도 있고, 혹은 따르지 않을 수도 있다(즉 본질에 대하여 우연적이다). 이에 대하여 인간은 그의 근본적인 핵심에 있어서 다음과 같이 특수하다. 즉 인간은 본질적으로, 다시 말하면 그의 본체에 있어서 실존이다. "이 존재자의 본질(essentia, 과거의 의미로서 본체라고 번역함이 좋을 듯)은 일반적으로 이것에 관해서 말할 수 있다면, 그의 존재(existentia, 과거의 의미로서의 실존)로부터 파악되어야 한다." 혹은 더 명백히 말하면 "현존재의 본질은 그의 실존 속에 있다."〔SuZ. 42

면][2]

어떤 본질이 '현실적으로 존재'한다는 것은 이 본질에 있어서는 외적인 것에 불과하다. 그런데 실존은 인간에게서는 이러한 어떤 본질의 현실적인 존재를 의미하지 않고 인간 자신의 본질을 의미한다. 반대로 인간의 본질은 그의 실존에서 성립한다는 진술은 인간의 본질은 일정한 내용으로 설명되지 않고 '실존한다'는 적나라한 사실로서 그 이외의 모든 내용적인 규정 영역을 떠나 있음을 말한다. 그러나 이와 동시에 실존이라는 개념도 다른 사물의 실존이라는 개념과 뜻을 달리한다. 실존은 거기에서처럼 '현실적으로 존재'한다는 단순한 사실을 의미하는 것이 아니라, 어떤 독특한, 따라서 더욱 자세히 규정되어야 할 존재의 양식을 말한다. 이것은 그 근본적인 구조에서 충분히 분석될 수 있으며 또 되어야 한다. "이 존재자에게서 밝혀지는 성격들은 따라서 어떤, 이러이러하게 보이는 존재자의 구상적(具象的)인 성질이 아니고, 그때 그때에 그에게 있어서 존재할 가능적인 양식들이며, 그리고 오직 이것뿐이다."〔SuZ. 42면〕

2 자기 자신에 대한 관계

이리하여 실존이라고 하는 존재 양식을 더욱 엄밀하게 규정된 의미로써 밝히는 것이 중요하다. 가장 일반적이며 형식적인 근본 규정들은 결국 모든 실존철학에 있어서 공통적이다. 자기 자신에 관계할 수 있는 능력이야말로 맨 처음이며 일반적인 규정이다. 이것을 통하여 일반적으로 인간적인 존재가 외적인 대상들의 존재로부터 구별된다. 그러므로 키에르케고르의 저서에서는 "자기 자신에 관계하며 그리고 이 자기 자신에 대한 관계에서 다른 것에 관계하는 바로 이 관계가 인간의 자아다."〔Ⅷ 10〕라고 말한다. 여기에서 말하는 '다른 것'은 다음의 계속에서 신이라고 다시 규정된다. 그리고 바로 이에 호응하여 야스퍼스도 다음과 같이 표현한다. "자기 자신에 관계하며, 이 관계 속에서 그의 초월자에 관계하는 것이 실존이다."〔Ⅰ 15〕 여기에서 그는 초월자라는 이름 하에서 실존적인 경험으로부터 파악된 어떤 절대적인 존재를 이해하고 있다. 인간은 자기 자신을 넘어서 이러한 초월자를 지향한다.

사람들은 '자기 자신에 관계하는 것(Sich-zu-sich-selbst-verhalten)'이라는 간결한 표현 속에서 실존하는 사람에게는 그가 실존한다는 것 자체가 문제라고 이미 '실존하는 사상가'(키에르케고르)에서 강조된 근본 특징을 쉽사리 인식하게 된다. 이때 이 실존한다는 것은 외적인 존립이라는 의미에 있어서가 아니고, 실존 개념이라는 엄밀한 의미에서 생각되어지지 않으면 안 된다는 것도 명백하게 되어 있다. 그러나 모든 자기 자신에 대한 관계는 동시에 어떤 다른 것에 대한 관계를 언제나 필연적으로 전제하고 있다. 이것에 관해서는 더 충분히 말하게 될 것이다. 자기 자신과 어떤 다른 것에 대한 이러한 관계는 모든 살아 있는 주체에 관해서도 주장될 수 있으며, 따라서 단순한 삶의 영역에서는 생철학에 있어서도 마찬가지로 주장될 수 있는 무엇보다 일반적인 규정일 것이다. 이에 대하여 실존철학에서 새로 첨부되는 것은 이 관계의 무제한성이다. 그러므로 실존이 관계하는 '다른 것'은 그 자체가 역시 인간이 자기 자신을 초월하여 지향하는 어떤 '무제한적인 것'으로 성립되지 않으면 안 된다. 이것은 키에르케고르에게서는 '신'으로서, 야스퍼스에게서는 더욱 일반적인 '초월자'로서 불리어진다. 자연적인 삶의 영역에서 언제나 자아와 함께 동시에 세계가 주어져 있듯이 지금 이 실존적인 영역에서도 실존과 함께 동시에 초월자도 똑같은 불가분의 경험 속에서 주어진다. "실존은 그가 똑같은 행위 속에서 자신과는 다른 것을 깨달았을 때, 오직 자신을 그의 자유에 있어서 파악하게 된다."〔Ⅲ 6〕

다시 하이데거가 언제나 반복하는 다음과 같은 표현도 같은 방향을 지시한다. "그에게서는 현존재란 그의 존재 속에서 그의 존재 자체가 문제되는 존재자다."〔SuZ. 191면〕 여기에서는 다만 자기 자신에 대한 관계 속에서 버티고 있음으로써 실존적인 문제의 최후적인 날카로움이 한층 더 명료하게 표현되어 있다. 그러나 그 반면에 '순수한' 실존철학에 국한한다는 의미에서 인간 밖의 형이상학적인 초점에 관여하는 것을 의식적으로 단념하고 있다. 인간에게서 그 자신의 존재가 문제된다는 것은 일종의 관계 속에서 일어나는 현상이다. 이 관계를 하이데거는 다음의 계속에서 '관심(Sorge)'이라고 부른다. 그리고 이 이름 밑에서 이 관계는 인간적인 현존재가 가지는 나머지의 모든 것을 포괄하는 근본 구조로서 그의 논구(論究)의 중심점을 이루고 있다. 이때 오해를 피하기 위하여 특히 지적되어야 할 것은 관심이라는 이름 하에서—일상 생활에서 그와 같이 불리어지듯이—인간의 우울한 생활 상태가 이해되는 것이 아니고, 오로지 위에서 말한 실존의 형식적인 근본 구조가 이해되고 있다는 것이다.

3 초월자

그러나 이러한 순수 내재적인 고찰에도 불구하고 하이데거도 역시 야스퍼스에게서 '초월(Transzendieren)'이라고 불리는, 그리고 실존 자체를 넘어서 지향하는 근원적인 관계를 단념할 수는 없었다. 도리어 이 관계는 실존철학적인 경향의 본질 속에 뿌리를 박고 있으며, 따라서 하이데거에서도 다만 해석을 달리할 뿐 다시 나타나고 있다. 즉 어떤 초월적인(비록 이와 같이 형식적으로 규정된 것이기는 하나) 대상에 대한 관계로서 나타나는 것은 아니지만 대상적으로는 아직 규정할 수 없는 어떤 형식으로서 나타난다. 이 형식 속에서 인간적인 현존재가 자기 자신을 넘어서 지향하게 된다. 이와 같은 이유로 하이데거에 있어서 실존은 그의 본질에 의하면 동시에 초월이라고 말할 수 있다. 다만 이것은 그에게서는 야스퍼스에게서보다 다소 다른 의의를 가질 뿐이다. 이것은 다음과 같은 것을 의미한다. 즉 실존은 그의 본질에 의하면 자기 자신 속에서 자족하는, 그리고 자신 속에서 규정될 존재로서 파악될 것이 아니고, 초월이라고 하는 '초출작용(Überstieg, 무엇으로부터 무엇으로 옮아가는 관계) 속에서 자기 자신을 넘어서 '다른 것'(실존 이외의 모든 다른 것)을 지향하는 존재로만 이해되어야 한다. 그리고 여기에서 말하는 '다른 것'이란, 다시 그 자신 속에서 인간을 둘러싼 외적인 세계, 즉 공간적인 존재로부터 인간적인 현존재 자신의 독특한 '근본 의욕(Umwillen, 모든 문화적인 활동이 귀착하는 인간의 최후적인 목표)에 이르기까지 매우 여러 갈래로 분절된다.

이러한 생각들은 하이데거의 특수한(그리고 그 자체는 더이상 여기에서 추구되지 않을) 기초 존재론적인 표현의 형식을 넘어서 실존철학의 일반적인 근본 특징을 나타내고 있다. 다만 내용적으로 규정된 존재만이 내재적으로 자신 속에 갇혀서 자기 자신 속에서 자족할 수 있다. 그러나 실존이 어떤 내용적인 '무엇'에서 파악되는 것이 아니라, 다만 실존 생활의 '어떠함'에서 파악될 수 있다고 하면, 이것은 필연적으로 모든 내재적인 해석의 파괴를 의미한다. 그리고 실존은 자신 속에서 자족하는 단순한 존재로서 파악될 것이 아니라, 오직 자기 자신을 넘어서 지향하는 관계로서, 다시 말하면 하나의 '관련(Bezug)'으로서 파악될 수 있다는 것을 의미한다. 실존의 존재 자체가 '관련되어 있는 존재'로서 성립된다. 그리고 이것은 그 자신 속에서 이미 완성된 어떤 존재에 뒤따라 또다시 어떤 다른 것에 대한 관련이 첨부된다는 의미에서 그러할 뿐만 아니라, 아주 엄밀한 의미에서 실존의 존재는 '관련되어 있는 존재' 이외의 아무것도 아니라고 말할 수 있다.

이것은 릴케에 의하여 모든 특수한 철학적인 숙고를 떠나서 직접적인 생활 경험에 의하여 최후적으로 명확하게 파악되었다. 그에게 있어서는 '관련'이라는 말이 바로 근본적인 인간의 존재를 표현하기 위하여 언제나 튀어나온다. 이러한 의미에서 그는 하나의 '명백한', '순수한', '현실적인 관련'에 관해서 말하며, 인간이 그의 현존재 속에서 수행되어야 할 하나의 '완전한 관련'에 관해서 말한다.[3] 그는 이것으로써 다음과 같은 것을 말하려고 한다. 인간적인 현존재는 어떤 자기 본질을 누림으로써 충실해지는 것이 아니고, 인간을 초월해 있는 어떤 사명에 사심 없이 귀의함으로써 충실해진다. 이 사명의 아주 생생한 요구 앞에서는 모든 개인적인 특수성이 그의 중요성을 잃게 된다. 이렇게 해서 릴케의 요구가 이해되어진다. "더욱 찬미하면서, 더욱 찬양하면서, 순수한 관련으로 돌아갈지어다."[Ⅲ 356] 그러나 이 관련도 곧 다시 자신 속에서 자족하는 것으로써 이해되는 모든 현존재를 '밟고 넘어가는 것' 혹은 '뛰어 넘어가는 것'이라고 하는 더욱 깊은 규정을 포함하게 된다. 이 '밟고 넘어가는 것(Überschreiten)'이라는 규정은 하이데거에게서 강조된 '초월'과 아주 의미가 같다(그것은 축어적(逐語的)인 직역에서도 일치한다). 그러나 다음으로 그것은 현세적인 삶을 밟고 죽음으로 넘어간다는 한층 더 깊은 의미를 가지게 된다. 이것에 대해서는 앞으로 다시 한번 언급하게 될 것이다. 또한 인간은 "하나의 다리〔橋〕이며 목표는 아니다", 그는 "하나의 과도점(過度點)이요, 하나의 침몰 과정이다"[4]라고 하는 니체의 표현도 함께 이 관련 속에 넣어서 생각하지 않으면 안 된다.

4 현존재와 실존

지금까지는 실존이라는 개념과 함께 때때로 아무 구별 없이 인간적인 현존재라는 개념도 사용되어 왔지만, 이것은 실존 개념을 더욱 엄밀하게 규정하려는 입장에서는 더 이상 지탱될 수 없다. 물론 인간은 그의 본질, 즉 그의 고유한 가능성에 의하면 '실존'이다. 그러나 이것으로써 인간은 이 가능성을 언제나, 혹은 대개는 실현한다고 말하는 것은 아니다. 이러한 까닭에 인간적인 삶을 표현하는 하나의 중립적인 개념을 도입하는 것이 필요한 것은 두말 할 여지가 없다. 이 개념은 삶을 실존이라는 특별한 의미로 이해하지 않는다. 이리하여 삶은 다시 아주 다른 어떤 관련으로부터 유래된, 그리고 아주 다른 해석의 기준을 가지는 명칭을 피하게 된다. 따라서 실존철학은 이 목적을 위하여 보통 실존이라는 개념과 같은 의미를 가지는 현존재라는 개념을 채용한다. 이리하여 한층 더 일반적인 의의를 가지는 이 개념을 실존이라는 특수한 개념과 대립시킨다. 실존이라는 개념과 마찬가지로 현존재라는 개념도 여기에서는 인간에게만 적용된다. 그러므로 현존재는 오로지 인간적인 현존재를 의미한다. 그러나 이것은 인간을 실존이라는 개념과 같이 그 완성된 가능성의 절정에서 표현하는 것이 아니고 하나의 중립적인 의미에서, 즉 그의 가치에 관한 판단 이전의 의미에서 표현한다.

이러한 의미에서 야스퍼스는 술어상으로 다음과 같이 확언할 수가 있는 것이다. "그러므로 나의 현존재는 실존이 아니고, 인간은 현존재 속에서 가능한 실존이다."〔Ⅱ 2〕 인간은 엄밀한 의미의 실존이 그로부터 빠져나가 버린 상태에 있을 수도 있으며, 대개는 이러한 상태에 있다. 이러한 관계로 야스퍼스는 현대적인 인간의 무책임한 현존재를 '실존 없는 현존재'〔Sit. 37면〕라고 부른다. 그리고 하이데거도 바로 이에 발을 맞춰서 다음과 같이 표현한다. "그때 그때에 우리 자신인 이 존재자를, 우리는 술어상으로 현존재로서 나타낸다."〔SuZ. 7면〕 그리고 그는 이것에 의해 실존을 구별한다. "현존재가 어쨌든 그에 대하여 관계할 수 있으며, 그리고 언제나 어떤 형식으로든지 관계하고 있는 존재 자신을 우리는 실존이라고 말한다."〔SuZ. 12면〕 그러므로 이 두 개념의 관계는 여기에서 다음과 같이 해석된다. 즉 실존은 목표를 의미한다. 이것을 실현하는 것이 현존재에게 그의 가장 고유한 가능성으로서 부과되어 있다. 이러한 관련 속에서 "현존재의 본질은 그의 실존 속에 있다."〔SuZ. 42면〕라는 이미 한 번 인용된 명제가 더욱 엄밀하게 규정된다. 여기에서는 본질이란 인간의 매우 깊은 '존재 가능성(Seinsmöglichkeit)'이라는 의미로 이해되어 있다. 이것은 인간이 본래 나면서부터 지니고 있는 것이 아니라 이것을 실현하는 것이 그에게 가장 고유한 관심으로서 마련되어 있는 것이다.

5 본래성과 비본래성의 이원설(二元說)

이러한 규정으로써 이미 실존철학적으로 인간을 파악하는 데 결정적인 하나의 근본 특징이 명백하게 드러났다. 즉 그것은 인간에게서 대립되며 그리고 엄밀히 서로 갈려진 두 가지 상태를 구별하는 극단적인 이원설(二元說)이다. 모든 실존철학의 기초에 필연적으로 가로놓여 있는 이 이원설을 하이데거는 인간적인 현존재가 가지는 '본래성(本來性)과 비본래성이라는 두 존재 양식'〔SuZ. 43면〕을 통하여 개념적으로 확립시켰다. 이 두 존재 양식은 똑같이 현실적인 두 가지 양식을 말하며 이 속에서 인간은 실존한다. "비본래성은……. 물론 어떤 양이 적은 존재나 혹은 어떤 급이 낮은 존재 정도를 의미하는 것은 아니다. 도리어 비본래성은 현존재를 그의 분망·흥분·흥미·향락 속에서 그의 가장 충만한 구체성에 따라 규정할 수 있다."[SuZ 43면] 그리고 야스퍼스에게서 현존재는 가능한 실존인 것과 똑같은 의미에서 지금 하이데거에 있어서도 현존재는 '그의 본질에 의하여 가능한 본래적인 것'[SuZ 43면]이다.

이 경우에 각 실존학자에게 있어서와 마찬가지로 하이데거에게 있어서는 두 존재 양식의 관계는 다음과 같이 파악되어 있다. 즉 그들 사이에는 연속적인 통로가 없으며 따라서 본래성에 한 걸음 한 걸음 접근할 수 있는 것이 아니고, 인간은 비본래성의 상태로부터 단연코 이탈함으로써 비로소 자기 현존재의 본래성이라는 상태로 비약한다. 이 관계는 아마 실존 개념을 삶이라는 개념으로부터 가장 날카롭게 구별할 것이다. 왜냐하면 이 삶 속에는 성질의 차이가 아니고 정도의 차이가 있으며 그리고 가장 높고 가장 완성된 삶일지라도 평범하고 자연적인 삶을 토대로 하여 향상함으로써 마침내 완전하게 이루어지는 까닭이다. 이리하여 삶의 향상 대신에 실존철학 속에서는 '비본래성', 또는 '타락성'이라는 상태로서 파악되는, 인간의 자연적인 현존재로부터 완전히 전향하고 이탈하는 것만이 요구된다. 따라서 생철학 속에는 적극적으로 평가되는 삶의 기반은 가치 없는 것으로 나타난다.

주

1. 칼 야스퍼스 ≪현대의 정신적 상황≫을 보라. 앞으로는 Sit로 인용함.
2. 하이데거의 '자기 해석'에 대해서는 그의 ≪휴머니즘에 관한 편지≫를
   보라.
3. 릴케 ≪전집≫ Ⅲ 318·324·356·456면 참조.
4. 니체 ≪전집≫ Ⅳ 61.

V 세계에 대한 관계

1 세계내 존재(世界內存在)

지금까지의 고찰은 실존 자체의 영역을 될 수 있는 대로 순수하게 드러내려고 하였으며 따라서 그를 둘러싼 세계에 대하여 가지는 관계를 되도록이면 피하려고 하였다. 이것은 역시 먼저 예비적으로 문제를 단순화하려는 의도에서 가능하였을 따름이다. 사실은 실존이라는 개념과 더불어 이미 인간을 둘러싸고 있는 외적인 세계 및 인간의 동족 사회를 뜻하는 세계에 관해서도 어떤 독특한 양식으로 결정이 내려져 있다. 다시 말하면 실존의 경험은 이미 그 자신 속에 자기의 세계에 관계하고 있는 인간의 독특한 해석을 지니고 있다. 이 세계는 지금까지도 기회 있는 대로 언급되어 왔다. 따라서 이 측면의, 즉 인간을 둘러싸고 있는 현실계의 이해도 별도로 밝혀야 할 필요가 있다. 처음의 출발은 여기서도 다시 생철학의 첫 출발과 병행한다. 그리고 일반적으로 생철학과 실존철학의 다른 점이 지적되는 대목에서 또다시 갈라진다. 실존은 자기 자신에 대하여 관계하며, 이 관계 속에서 동시에 어떤 다른 것에 대하여 관계하는 '하나의 관계성'으로서 규정되었다고 하면, 여기에는 어떤 절대적인 중심점과 함께 필연적으로 실존 생활의 뒷받침과 밑받침으로서 하나의 세계가 어떤 독특한 양식으로 이미 가정되어 있다. 그리고 실존은 그 자신이 가능한 모든 구상적인 내용과는 거리가 먼, 오직 형식적으로만 규정되는 행위로서 이해되어 왔다고 하면, 여기에는 또 실존 생활이라는 활동이 비로소 실현되는 어떤 구상적인 배경이 필연적으로 함께 가정되어 있다. 이와 같이 실존과 더불어 이미 필연적으로 언제나 하나의 세계가 가정되어 있으며, 이것이 없이는 실존은 조금도 이해될 수 없게 된다.

이러한 관계로 실존철학은 처음에 시작될 때부터 이미 관념론의 태도에 반대하여 왔다. 이 관념론에 있어서는 오직 '의식'만이 직접으로 주어진 것이며, 외적인 세계는 장차 증명되어야 하는 일종의 가정이다. 실존 생활이라는 활동은 그에 대립하는 현실계에 저항하는 데서 실현된다는 경험으로부터 실존철학은 출발한다. 그러므로 실존의 이 첫 경험 속에서 이미 자아(自我)와 세계라는 지워 버릴 수 없는 이원성과 동근원성(同根源性)이 암암리에 인식되어 있다. 이 둘 중에 어느 하나가 다른 하나로 유도되어질 수 없다. 실존 생활 자체의 본질 속에 가로놓여 있는 이 근원적인 '세계에의 관련'을 하이데거는 인간의 현존재를 '세계내존재'로 규정함으로써 술어상으로 확립하려고 했다. 여기에서 그는 '내존재(In-Sein)'가 어떤 공간적으로 '속에 들어 있는 존재'라는 뜻으로 이해되는 것을 단연코 반대한다. 도리어 그것은 실존이 '어떤 세계에 의존되어 있다'는 근원적인 뜻으로 이해될 것을 바라고 있다.〔SuZ. 52면 이하〕 그래서 한스 립스(Hans Lipps)는 이러한 의도에서 오해를 피하기 위하여 세계와 '얽혀 있는 존재(Erschränkt-sein)'라는 말을 쓴다.

이 경우에 세계라는 이름 하에서 인간이 그 속에 자리를 잡고 있는 외적인 현실계만이 이해될 것이 아니라 마찬가지로 인간의 삶 자체의 현실계도 이해되어야 한다. 두말할 것도 없이 실존은 결코 인간을 전체적으로 부르는 것이 아니고 가장 내면적인 어떤 독특한 핵심만을 표현하고 있는 까닭에 실존이 관계하고 있는 세계는 이른바 외적인 세계뿐만이 아니다. 그것은 인간 속에 있으면서 실존이 멀리할 수 있었으며, 실존으로서는 움직일 수 없고 그의 의지로부터 독립하여 있는, 이를테면 저 외적인 현실계에 못지않게 위협적이며 저항적인 현실로서 발견되는 모든 것도 마찬가지로 포함한다. 그러므로 인간이 자기 자신으로부터 엄연한 사실로서 확인되는, 또 자신에게 대립시킬 수 있는 모든 것도 역시 세계다. 따라서 '세계'[1]는 인간에게 주어진 조건들 전체를, 즉 외적인 세계의 조건들과 자기 삶의 조건들을, 혹은 야스퍼스가 말하듯이 주체적인 현존재와 객관적인 현실계〔I 62면 및 다음. 면〕의 두 가지를 포함하고 있다. 이 두 가지의 공통 관계는 키에르케고르도 그가 "실존 생활에서 사고는 어떤 이질적인 매개물 속에서 활동한다."고 말하는 것에 특히 주목하고 있다.

2 세계의 불안성

그러나 세계내 존재라는 개념은 오직 형식적인 최초의 규정으로서 생각되어야 하며 그것은 세계에 대한 인간의 관계에 있는 고유한 실존적인 것을 나타내기에는 너무나 일반적이다. 이 처음의 시작에 있어서 실존철학은 아직 생철학과 서로 매우 일치한다. 이미 알려져 있는 바와 같이 생철학도 주체를 '의식 관념론'에서처럼 고립시키는 데에 반대한다. 그리고 마찬가지로 자아와 세계의 동근원성을 강조한다. 생철학은 ≪딜타이≫[2)]에 있어서처럼 의식으로부터 독립하여 외적인 세계가 실재한다는 증명으로써 저항의 경험까지도 끌어 낼 수 있다. 그럼에도 불구하고 세계에 대한 관계는 생철학에 있어서와 실존철학에 있어서가 또한 서로 다르다. 각 생철학 속에는 비록 아직 표면에 나타나지 않고 감추어진 형식으로서이기는 하지만 어떤 범신론적인 발단으로부터 오는 역사적인 유래를 찾을 수 있으며, 이러한 유래로 말미암아 개별적인 삶은 포괄적이며 모든 현실을 관통하는 어떤 전체적인 삶 속에 파묻혀 있음을 깨닫게 된다. 이와 같은 관계로 또 거기에서는 언제나 인간이 세계에 대한 그의 관계에 있어서 친밀하다는 느낌을 가지게 되며 사물에 대하여 근원적으로 친근하며 어떤, 보다 큰 전체에 의하여 밑받침되어 있다는 느낌을 가지게 된다. 이것은 니체에 있어서 근본 고통과 근본 모순이 세계의 본질 속에서 발견되는 경우에도(XI 190면 이하) 역시 그대로 적용된다. 인간의 현존재가 가지는 괴로움은 여기에 있어서는 현실계 일반의 괴로움이다. 그리고 또 여기에서도 인간은 그를 밑받침하고 있는 근원 속에 파묻혀 있게 된다. 이와 같이 여기에서는 실로 디오니소스적인 생활 감정 속에서 세계와 인간의 잃었던 과거와 통일이 다시 얻어질 수 있다.

이에 대하여 실존철학적인 생활 감정 속에 있는 현실계의 경험은 아주 다르다. 실존하는 사상가에 있어서 그의 사고는 결코 절대적인 연속성을 가질 수 없으며, 그는 언제나 오직 순간적으로만 사고한다고 말할 때에, 이 속에는 이미 현실계의 어떤 일정한 성격에 관하여 발언되어 있다. 즉 그것은 하나의 독립적인 현실계로서 인간과 대립하여 있으며 인간의 사고에 대항할 뿐 아니라 한 걸음 나아가서 그것은 사고에 의하여 극복되거나 전망되어지는 것이 아니고 모든 사고가 그에게서는 조금도 발을 붙일 수 없는 엄밀한 의미의 어떤 이타적인 현실계라는 사실이 발언되어 있다. 그리고 그것은 다시(아마 비합리주의가 의미하는 것처럼) 현실계는 사고의 개념적인 그물코에 잡힐 수 있기에는 너무나 풍부하다는, 따라서 현실계는 점진적으로 차츰 사고 속에 파악될 수 있다는 것을 말할 뿐만 아니라 그것은 아주 근본적인 의미에서 다음과 같은 것을 의미한다. 즉 현실계는 사고를 필연적으로 절망적인 모순 속에 휘몰아 넣으며, 따라서 그것은 그 자신 속에 반항적인 성격을 가지고 있다는 것을 의미한다. 이 성격을 키에르케고르는 역설이라는 개념으로 제시하며, 이 앞에서 사고는 난파하고 만다. 이와 같은 심각한 '부조리성'은 키에르케고르가 헤겔에 반대하는 다음과 같은 확언 속에 들어 있다. "실존 속에는 결코 사고와 존재의 동일성은 없다."〔Ⅶ 27면〕

여기에서 실존철학의 생활 감정은 어떤 독특한 모습으로 나타난다. 인간이 그의 세계 속에서 가졌던 과거의, 특히 관념론적이며 로맨티시즘적인 친밀감과 안정감이 부서지고 세계는 인간에게 과거에는 알지도 못했던 어떤 불안스럽고 낯선 성격으로서 나타나서 인간을 엄습하므로 이에 저항하여야 하는 위협과 위험으로서 나타난다. 근세에 이루어진 모든 낙관적인(혹은 시민적인) 태도는 근본적으로 무신화 (無神化)한 어떤 현실계 속에서 스스로 안전함을 느껴 왔다. 이러한 태도가 실존철학 속에서 피할 수 없는 완강한 관계 때문에 다시 허물어진다. 인간은 다만 참여하여야만 되는 세계의 자연적인 거대한 질서를 믿는 대신에, '현실 속에 있는 이성'이나 '역사 속에 있는 이성'을 믿는 대신에, 하나의 아주 다른 관계를 나타내게 된다.

여기에서 다시 한번 카프카의 소설들이 깊이 주목되어야 한다. 소설 ≪심판≫ 속에서 인간의 삶은 재판 과정이라는 강압적인 상징 하에서 표현되어 있다. 이 재판 속으로 인간은 도대체 무슨 까닭에 고소를 당하였는지 알지도 못하고 휩쓸려 들어가고 그 위협을 받게 된다. 그리고 다른 소설 속에서 절대자에 대한 관계가 성(城)이라는 상징 속에서 서술되었다. 인간은 이 성의 난폭하고 잔인한 지배 밑에 있으며, 그가 아무리 절망적인 노력을 다하여도 그것에로 접근하여 갈 도리가 없다. 인간이 싫건 좋건 무조건적으로 휩쓸려 들어가 있는 관료 정치의 강압적인 지배와, 인간이 자기를 잃고 있는 암담하고 지긋지긋한 모습이 이 두 묘사 속에서 특색으로 되어 있다. 인간에게 주어져 있는 요구들이 불합리하고 반이성적이라는 것이 여기에서 절실하게 표현되어 있다. 카프카에게 있는 이러한 절망적인 기본 내용이 동시에 실존철학에서 의미하는 세계에 대한 관계를 일반적으로 나타내고 있다.

어떤 일정한 질서가 일반적으로 인간을 맞아들일 때 그 질서는 그대로 존속한다. 이것은 야스퍼스가 표현한 바와 같다. '타국에게 포위되어 있는 영토', 끝없이 전개된 혼돈이라는 넓은 바다의 한가운데 있는, 그리고 인간이 애써서 겨우 아슬아슬하게 무질서로부터 싸워 얻은 질서라는 하나의 작은 섬, 인간은 다만 참여하여야 하는 자연적인 질서 대신에, 인간에게는 생활환경의 질서를 자신의 행동으로 만들어 내야 할 필연성이 나타난다. 인간은 그의 생활 질서의 창설자가 된다. 하이제 (Heyse)[3]가 인간은 그의 실존에 있어서 그 존재와 지속과 질서에 대하여 책임이 있다고 강조할 때에 그의 저서 속에 가끔 외면상으로 그렇게 나타나듯이, 이것은 존재의 전체에 대하여 타당할 수 있는 것은 아니다. 그것은 오직 인간이 자기의 운명을 통하여 들어가 있는, 그리고 언제나 하나의 역사적으로 특수한 질서로서 다른 것과의 투쟁 속에 있는 인간적인 질서에만 타당된다. 이러한 통찰은 실존철학의 역사관에 있어서도 매우 중요하다. 왜냐하면 실존철학은 투쟁을 모든 역사적인 현실의 지워 버릴 수 없는 근거라고 보는 까닭이다. 이 투쟁에서 모든 확고한 질서가 다시 새로이 싸워 얻어져야 한다. 이 질서는 본질적으로 언제나 허물어지기 쉬운 것이다.

이 속에서 실존철학의 태도가 생철학의 태도에 대하여 가지는 원칙적인 거리가 명백히 드러난다. 생철학에 있어서는 어떤 친근감이 세계와 사물을 인간에게 훨씬 이해되기 쉽도록 하였으며, 그리고 적어도 이해할 수 있는 가능성에 원칙적으로 어떤 한계를 두지 않는 것으로 보였다. 이에 대하여 이제 세계는 인간에 대하여 극복할 수 없는 어떤 이타적인 것으로 대립하게 된다.

3 릴케가 말하는 인간의 불안정성

독특한 실존철학의 좁은 테두리를 넘어서 현대의 인간을 엄습하였던 이 극단으로 이타적이라는 느낌을 릴케는 누구보다도 뼈저리게, 그리고 동시에 절망적으로 표현하였다. 그에게서 이러한 태도에 대한 예문을 일일이 찾아 모으는 것은 무용한 일이다. 그것은 그의 작품의, 특히 말년의 근본적인 전제로서 어디서나 그 작품을 꿰뚫고 있다. 그러므로 기초적인 견해를 몇 가지 예증을 들어서 밝히는 것으로써 만족한다.

바로 ≪두이노의 비가≫의 처음에서 다음과 같이 말한다. "그리고 슬기로운 자는 이미 깨달았노라, 우리에게 해득된 이 세계에선 마음놓고 두 다리를 펼 곳이 없다."〔Ⅲ 259면〕

우리는 우리의 세계를 접촉과 관습을 통해서 우리에게 친근케 하였고, 우리가 생활을 이해하는 힘의 범위 안으로 끌어들였다. 그러나 이러한 우리의 세계는 오직 작은 단면에 불과하며, 이러한 세계는 마치 아주 이타적인 사물과 우리 사이에 가로 놓여져 있는 얇고 가냘픈 베일처럼 놓여 있다. 해득된 것으로서의 우리의 세계, 즉 우리의 해석을 통하여 우리와 한몸이 되고 동화된 세계는 갖은 애를 다 써야 겨우 현실적인 세계의 불안한 이타성을 눈가림할 수 있다. 그러나 이타성은 어느 순간에나 갑자기 간담이 써늘하게 눈가림으로부터 불쑥 나타날 수 있다. 이것은 릴케에 의하여 언제나 반복적으로 서술되며, 〈위대한 밤〉이라는 시 속에서 가장 뼈에 사무치게 서술되어 있다. 자기 이외의 다른 인간적인 세계로부터 제외되어 있는 것을 읊은 싯

구와 아울러 죽은 사물을 보고도 가슴이 서늘한 낯설음과 버림받은 기분을 느끼는 장면이 인용될 것이다. 여기에서는 어느 낯선 도시에서 들창으로 보는 광경을 말한다.

"아직도 그 새 도회는 차된될 듯하였고, 달랠 수 없는 풍경은 어두워만 갔다. 내가 있다는 것을 도무지 모르는 듯이……. 그렇게 가까운 사물도 나에겐 이해되려고도 안 한다. 가로등의 거리는 이리로 뻗었다. 나는 보았다. 그 거리가 낯설다는 것을……."

그리고 계속하여 다음과 같이 말한다(비록 이미 다소 변한 관계에서이기는 하지만).

"뾰족탑들이 분노를 터뜨리는 곳, 버림받은 운명을 지닌 하나의 도회가 나를 둘러싼, 그리고 헤아릴 수 없는 산들이 나와 맞서고 있는, 그리고 인접한 주위엔 굶주린 낯설음이 내 심정의 덧없는 나부낌을 휘감아 버린 곳……."〔III 406면 및 다음 면〕

이 간결한 묘사로부터 적어도 가장 중요한 특징들을 강조할 수 있을 것이다. 이 특징들은 비할 수 없는 날카로움으로 여기에서 논의되는 불안성이라는 느낌을 나타내고 있는 까닭이다. 들창으로 보이는 낯선 도회는 차단되어 있는 것같이 보이므로 인간은 그 속으로 침투할 수 없다. 인간은 그것을 내부로부터 체득할 수는 없고, 그것을 이해할 수 있게 만들고 친근하게 만들 수 없을 것이다. 그것은 '버림받은 운명'을 지니고 있으므로 인간으로 하여금 밖에 서 있게 하며 그의 삶에 참여케 하지 않는다. 그리고 뾰족탑들은 위협적인 낯설음 속에서 분노를 뿜고 있다. 그러나 그 뒤에는 에누리 없는 정확성으로 말하듯이 '달랠 수 없는 풍경'이 가로놓여 있다. 인간이 접촉과 관습을 통하여 풍경 속에서 안락을 느끼려는 태도는 친근함을 느끼도록 꾀하는 것으로서, 풍경의 고유한 의지를 박해하는 결과로서 나타난다. 따라서 그것은 우리가 저항적인 현실계에서 오직 우리 자신이 안전함을 느끼지 못하므로 전개된 능변(能辯)을 통해서 부당하게 횡령을 하였던 하나의 접근으로서 나타난다. 그러나 지금은 이것조차도 사라져 버리고, 풍경은 '마치 내가 있다는 것을 모르듯이', 즉 인간을 어떤 공통적인 관련 속에 함께 끌어들임이 없이 아주 남으로서 인간에게 대립한다. '헤아릴 수 없는 산들'이 있다. 그들의 크기나 모양은 어둠 속에서 미루어 도무지 알 수 없고, 따라서 그들은 특수한 낯설음 속에서 인간을 엄습한다. 도회는 '차단된 듯이' 보이고, 산들은 '나와 맞서' 있으니, 어디서나 인간은 밀려나 있으며 버림받고 있다는 것을 발견하게 된다.

일상적인 접촉을 통하여 인간에게 특별히 친근하고 가장 가까운 사물조차 도무지 나에게 이해되려고 하지 않는다. 여기에서도 이해의 가능성은 인간이 자신으로부터 감행할 성질의 것이 아니고, 사물이 자진하여 그를 맞아 주지 않고, 또 그에게 드러나지 않을 때에는, 그의 의지를 바꾸어야 할 성질의 것이라는 점이 두드러진 특색이다. 해득된 세계 속에서 인간들은 보통 마음 놓고 안전함을 느끼고 있으나, 이것은 낯설음이 침입할 때에 다시 부서져 버리는 하나의 거짓 모습으로서 드러난다. "가장 가까운 것도 인간에게 있어서는 멀다."〔Ⅲ 291면〕 그러므로 그 결과는 내 심정의 덧없는 나부낌을 둘러싸고 오직 '굶주린 낯설음'만이 남아 있을 뿐이다. 덧없이 나부낀다고 말하는 이유는, 인간은 이미 둘러싸고 있는 세계에 의하여 밑받침되어 있다고 느끼지 않으며, 그 세계로부터 어떤 일정한 방향을 받는 것이 아니고, 어떤 절망적인 고립에서 오는 불안정 속에서 그의 방향 없는 주체적인 것으로 되던져져 있음을 깨닫는 까닭이다.

여기에서도 또 불안스러운 것의 영역은, 인간을 둘러싸고 있는 외적인 세계, 즉 같은 인간의 공동 사회의 세계만이 아니고, 마찬가지로 아니 오히려 더욱 그 자신의 심정의, 즉 그의 내면적인 황무지의 세계이다. 하나의 짤막한 싯구가 이 관련을 표현하기 위하여 인용될 것이다.

"마음의 산맥 위에 오르니, 보아라, 그곳이 얼마나 규모가 작은가를. 언어라는 맨 위의 초가집을, 그리고 좀 높은 그러나 역시 작은 정서라는 또 하나의 맨 위 기와집을 보아라."〔Ⅲ 420면〕

여기에 실존적인 근본 경험 일반이 간결한 형식으로 서술되어 있다. 즉 외적인 현실계가 지니고 있는 불안성뿐만이 아니고 더욱 깊이 자기 내면적인 것이 가지고 있는 불안성이 서술되어 있다. 인간이 언어와 개념으로 파악할 수 있는, 또 그렇게 함으로써 인간이 친근해질 수 있는, 이리하여 해득된 세계 속에 끌어넣을 수 있는 모든 것을 넘어서, 다시 한 걸음 나아가서 고정된 것으로서 파악되며 재인식되는 모든 정서를 넘어서, 고유한 정신적인 삶의 근원적인 현실계, 즉 외적인 자연보다 더욱 낯설며 더욱 이해키 어려운 현실계가 나타난다. 이 현실계에 부딪칠 때 비로소 인간은 자기 현존재의 완전한 불안성, 즉 "이곳 심정의 산맥 위에서 불안에 떨다."〔Ⅲ 869면〕라는 것을 경험한다.

인간을 동물로부터 구별하는 근본적인 차이는 이러한 불안을 느끼고 안 느끼는 데 있다. 릴케는 여기에서 안전한 산짐승에 관하여, 또 걱정 없는 위대한 새에 관하여 말한다. 그 동물은 자기 환경 속에서 안전하게 살고 있다. 그는 그 환경 속으로 적응하여 들어가며, 그 속에서 여러 가지 충동과 자극으로써 안락을 느끼고, 그곳으로부터 그는 결코 밖으로 굴러 나오지 않는다. 이에 대하여 인간은 다음과 같은 특색을 가진다. 그는 아무런 무장이 없고 아무런 방비가 없는 동물[4]이라는 외적인 의미에서 불안전할 뿐만 아니라, 그의 세계는 인간이 그의 심신의 상태로서 적응하여 들어갈 성질의 환경이 아니고 낯설다는 아주 새로운 성격을 가지고 인간에 대항하고 있다는 의미에서도 불안전하다. 어디서나 모험 속에 서 있는 것이 인간이다. "우리는 끝없이 모험적인 것."〔Ⅲ 369면〕 이것은 릴케가 인간의 처지를 최종적으로 표현한 정식(定式)이다. 이것으로부터 비로소 다음과 같은 인간의 사명도 나타나게 된다. 즉 인간은 세계의 모든 순수한 모험을 받아들이고 이겨 나가야 하며, 언제까지나 부서지기 쉽고 불충분한 현존재의 어떤 유혹적인 안정 속에 숨어 있을 것이 아니고 의식적으로 불안정한 상태 속으로 뛰어들어가야 한다는 것이다.

4 현존재의 피투성(被投性)

세계에 대한 실존철학적인 관계를 이와 같이 철저하게 전개하였으므로 이제는 실존철학자, 특히 하이데거가 세계 내 존재를 더욱 엄밀하게 규정하려고 채용한 개념적인 정식도 이해될 것이다. 다시 말하면 자아와 세계의 관계는 다같이 서로 의존하는 관계, 즉 이론적인 '주관과 객관의 관계'를 의미하는 단순한 양극의 관계일 뿐 아니라, 그것은 자신 속에 어떤 독특한 긴장을 포함하고 있다. 외계는 처음부터 그의 자유로운 운동을 제한하는 적대적인 것으로서 인간에게 대립한다. 세계는(객관적인 관념주의에서 의미하는) 인간의 정신에 조화되는 어떤 의미 있는 질서로서 파악될 수 있는 것도 아니요, 또(자유 관념주의에서 의미하는) 인간에 의하여 저항이 없이 순순히 가공될 어떤 단순한 '미형성의 질료(質料)'로서 파악될 수 있는 것도 아니다. 이 세계에 대한 관계는 처음부터 세계는 인간의 현존재를 본질적으로 제한하는 어떤 무엇으로 나타난다는 사실을 통하여 그 특수한 성격이 날카로워진다. 세계내 존재는 인간의 유한성을 토대로 삼을 때 비로소 한층 깊이 규정되어진다.

이와 같이 인간의 현존재를 그의 유한성을 토대로 하여 해석하는 데에 실존철학적인 인간관이 특별히 잘 나타나 있다. 그리고 여기에서 예비적으로 유한성이라는 개념으로서 지적되는 것은 앞으로 한계상황이나 특히 죽음의 경험을 근거로 하여 비로소 충분히 규정되어진다. 그러나 사람들은 유한성을 여기에서 어떤 단순한 '제한되어 있는 것'이라는 이론적인 의미로 이해할 것이 아니라, 인간 자신의 본질 속에 있는 어떤 제한, 즉 인간과 세계의, 또 인간의 여러 영역의 조화로운 연결을 방해하고 인간으로 하여금 언제나 중압을 느끼게 하는 이 제한을 근원적으로 경험함으로써 내면적으로 파악하여야 한다는 사실을 잊지 않는다면, 이미 세계내 존재의 실존철학적인 해석을 한층 더 엄밀하게 밝혀 낼 수 있다. 이러한 유한성의 경험을, 즉 우연적이나 외적이 아니고, 인간 자신의 본질 속에 있는 불완전성의 경험을 통하여 실존철학은 이론적인 태도를 기초로 하는 관념론적인 또는 실제론적인 모든 종류의 철학과 구별될 뿐 아니라, 생철학과도 구별된다. 생철학은 유한성의 쓰라림을 모른다. 왜냐하면 거기에서는 개별적인 것은 하나의 전체적인 삶 속에 합일되어 있으며 그 속에서 완전성을 느끼고 있는 까닭이다. 그러나 실존철학은 유한성을 모든 인간의 욕망과 가능의 본질적인 한계라는 가장 쓰라린 경험으로서 이해하고 있다.

인간의 세계내 존재를 더욱 깊이 규정하는 이 유한성을 하이데거는 술어상으로 인간적인 현존재의 피투성(被投性)으로서, 즉 '이 존재자가 그의 현실(da) 속에 던져져 있는 것'으로서 더욱 자세히 규정하려고 했다. 이 경우에 현존재의 '현(da)'은 현존재가 이미 언제나 자신이 들어가 있음을 발견하는 독특한 장소를 표현하게 되어 있다. 인간이 이러한 장소를 그가 원하거나 좋아하는 대로 선택할 수 없다는 사실과, 그는 그것을 발견하며 그것을 통하여 처음부터 제한되어 있으며 짐지어 있다는 사실이 바로 '피투성'이라는 개념 속에서 표현되어야 한다는 것이다.

㊒

1. 여기에서 '세계'는 언제나 직접적이며 실존적인 체험을 의미하는 것으로서 이해되고 있다. 하이데거에 있어서 세계 문제가 초월철학적으로 깊어지는 것은 지금 문제삼는 테두리 밖에 있다.
2. ≪W. dilthey 전집≫ V 90면 이하.
3. Hans Heyse ≪이념과 실존≫ (1935년).
4. J. v. Uexküll의 저서 및 특히 A. Gehlend의 ≪인간, 세계에 있어서의 그 본질과 지위≫(1935)를 참고.

VI 인간과 공동사회

1 공존재(共存在)

세계에 대한 인간의 관계에 관한 실존철학적인 견해 속에서 인간이 가장 밀접하게 결합되어 있어야 할 세계의 구성 부분, 즉 인간에게 동질적인 같은 인간끼리의 세계가 가장 중요한 부분으로서 필연적으로 강조되어진다. 이 영역은 앞에서의 고찰 속에도 이미 포함되어 있었다고 하면, 그 특수한 중요성으로 보아 근본적으로 다시 한번 별도로 밝혀내야 할 필요가 있다. 같은 인간끼리의 영역은 일반적으로 인간에게 가장 근원적으로 주어진 세계의 부분이다. 이 부분은 아이들의 경험 과정 속에서부터 이미 동물 및 식물의 삶이나 무생명적인 존재로부터 구별된다. 이러한 관련 속에서 이미 언어상으로 세계라는 말은 우선 같은 인간끼리 둘러싸여 있는 영역을 의미하고 있다는 하이데거의 논증도 나오게 된다. 그는(특히 근거의 본질 속에서) '모든 세계'(모든 세상 사람을 뜻한다), '위대한 세계'(상류 계급에 속하는 사람을 뜻한다), '세계인'(교제를 잘하는 사람)과 같은 표현을 지적한다. 여기에서는 같은 인간끼리의 환경을 의미하는 일반 세계가 생각되어진다.

세계 일반이 실존철학에 있어서는 결코 처음으로 증명을 하여야 하는 어떤 주장이 아니고 세계와 인간의 근원적인 관계 속에 이미 함께 주어진 하나의 사실인 것처럼 지금 같은 인간끼리의 영역에 있어서도 그러하다. 실존철학은 인간끼리의 세계가 실존한다는 것을 비로소 애써서 증명하여야 한다고 생각할 수 없다. 왜냐하면 삶 자신의 근원적인 사실 속에서 다른 인간들은 이미 함께 살아가는 데 있어서 자기의 현존재를 촉진, 또는 방해하는 것으로서 주어져 있는 까닭이다. 이 다른 인간들은 개별적인 현존재가 일반적으로 비로소 드러날 수 있는 배경을 이루고 있다.

그러므로 인간적인 현존재는 실존철학에 있어서는 이미 다른 인간들과의 생생한 공동 존재 속에서 살고 있다. 야스퍼스는 "나는 다만 다른 사람과의 교섭 속에서만 존재한다."〔Ⅱ 50면〕라고 강조한다. 그리고 하이데거는 이 사실을 "현존재는 본질적으로 공존재(Mitsein)다."라는 간단한 정식으로 요약한다. 인간이 실제로 홀로 있을 수 있다는 사실도 본질적으로 주어진 공동성에 대한 반증일 수 없다. 왜냐하면 홀로 지내는 것도 다른 인간들이 있다는 것에 대하여 아주 무관심한 것은 아닌 까닭이다. 반대로 거기에서 가끔 느껴지는 '다른 사람이 없는 쓰라림'을 통하여 그것은 인간에게 자연적으로, 또 본질적으로 속하여 있는 상태인 공동성을 증명하여 준다. 선천적으로 공동성 속에서 사는 존재자만이 홀로 있을 수 있다. "현존재가 홀로 있는 것도 역시 세계 안에 함께 있는 것이다. 공존재에 있어서만, 그리고 공존재에 대하여서만 다른 사람이 없을 수 있다. 홀로 있는 것은 공존재가 결손하여 있는 양상이며, 이와 같이 홀로 있을 수 있다는 것은 공존재에 대한 증명이 된다." 〔SuZ. 120면〕

2 단독자와 세인(世人)

그러나 세계 일반에 대한 실존철학적인 관계가 처음에는 매우 서로 가깝던 생철학의 경향과 어떤 독특한 긴장으로 말미암아 서로 구별되었듯이 부분적으로 같은 동류인 인간에 대한 관계에 있어서도 비슷하다. 인간은 자연적인 현존재로서는 같은 인간과의 공동사회 속에서 살고 있다. 이것은 서로 공통되는 출발점이다. 그러나 이 공동 사회는 지금 실존철학에서는 어떤 가치가 충만한 것으로서, 단독자를 밑받침하고 촉진하는 어떤 무엇으로서 보여지는 것이 아니고, 아주 반대로 인간을 그 실종의 본래성으로부터 막아 버리는 어떤 무엇으로서 보여진다. 실존철학이 일반적으로 자연적인 현존재를 가치 없는 것으로 보고 그것으로부터 한사코 피할 때 비로소 진정한 실존을 실현할 수 있었던 것처럼 지금 다른 사람과의 공존재도 세계에 '타락하여 있는 상태'라는 형식으로서 나타난다. 이것으로부터 단연코 벗어날 때에 비로소 본래성으로 돌입할 수가 있게 된다. 그러므로 실존은 언제나 필연적으로 공동 사회의 토대로부터 이끌어 올린 개별적인 인간의 실존이다.

이것도 역시 실존철학자들 중에 있는 어떤 개인의 우연적인 견해가 아니라, 아주 필연적으로 실존 자신의 본질로부터 나타난다. 따라서 비록 각 사람에게서 특수한 양식으로 다소 달라져 있기는 하나 모든 실존철학자들에게 타당하다. 실존에의 돌입은 반드시 단독적인 심정의 고독 속에서 성취된다. 이 경우에 공동 관계는 결코 그것에 도움이 될 수 없다. 그것은 오직 실종의 온 중량을 받아들이는 것을 방해하기 쉬울 뿐이다. 그러므로 키에르케고르에 있어서는 인간은 본질적으로 단독자(單獨者)로서 실존한다는 것이 특색이다. 즉 본래적인 실존에 있어서는 자기 자신 속으로 깊이 던져져 있기 때문에 공동 사회에 대한 모든 관련들을 본질적인 것이 아니라고 하여 날려 버린다. 이러한 까닭에 '단독자'는 키에르케고르적인 사고의 근본 규정이 된다.

야스퍼스에게서도 사정은 역시 마찬가지다. 물론 어떤 사람과의 접촉이 실존을 각성시키는 데 본질적일 수 있다는 것이 여러 가지로 지적되고 있다. 그러나 여기에서는 언제나 어떤 고독한 심정이 다른 어떤 고독한 심정과 서로 마주치는 것이 문제인 것이다. 그리고 이것도 오랜동안에 걸친 어떤 상태에서 그렇게 되는 것이 아니고 반드시 어떤 짧은 접촉 속에서만 그러하다. 야스퍼스에 있어서도 다음과 같은 것이 특색이다. 즉 다른 사람들은 개별자에 대하여 본질적으로 무책임한 '군중'으로서 행동하게 되며, 따라서 단독자의 모든 생생한 자아의식을 평균화하려고 든다는 것이다. 이 군중은 필연적으로 실존을 파괴한다. 그리고 이것은 현대의 독특한 위기를 의미하게 된다. 특히 ≪현대의 정신적인 상황≫(1931년 베를린에서 출판)은 현대의 군중 현존재가 실존을 파괴하는 기능을 분석함을 지배적인 목적으로 하고 있다. 그는 이것을 바로 '실존 없는 현존재'라고 부른다. 이러한 유혹으로부터 단연코 벗어날 때에 비로소 개별적으로 본래적인 실존에 돌입할 수 있게 된다. 이것과 그다지 시간적으로 직접 관계가 없는 ≪철학≫(1932년 베를린에서 출판)의 서술 속에서 야스퍼스는 이 군중 현존재를 모든 다른 사람처럼 움직이는 것으로서 표현하고 있다. "사회적인 현존재밖에는 아무것도 남는 것이 없다. 그리고 나는 내가 그 사회적인 현존재 속에서 가지고 있는 모든 권리와 의무 속에 있다. 각 사람은 원칙적으로 다른 사람처럼 존재한다. 그는 오직 똑같은 양식으로 사회적인 가능성·생계·노동 및 향락에 참여하여야 하는 하나의 표본에 불과하다. 이러한 사회적인 나로서 나는 모든 다른 사람처럼 된다."〔Ⅱ 30면〕 그리고 그는 이러한 상태의 특징을 더욱 깊이 설명한다. "생각이 없는 현존재 속에서 모든 사람이 하는 것을 나도 하며, 모든 사람이 믿는 것을 나도 믿고, 모든 사람이 사고하는 것을 나도 사고한다. 의견·목적·불안·

기쁨 들은 어떤 한 사람으로부터 다른 사람으로 옮아간다. 모든 것이 근원적으로, 그리고 자명적으로 같은 것으로 되어 버리는 까닭에 그는 그것을 알지도 못한다."〔Ⅱ 51면〕

그러나 이러한 관계들은 하이데거에서 가장 명확하게 탐구되었다. 공동 생활의 일상적인 상태가 그에게는, "사람들은 이러 이러하게 생각한다, 혹은 행동한다."라고 말할 때처럼 비인칭적인 대명사를 의미하는 세상 사람(man)이라는 상태로서 표시되어진다. 개별자는 일상적인 현존재 속에서 그 자신의 자유로운, 책임 있는 결단으로부터 행동하는 것이 아니라 그는 파악되지 않는, 그리고 알지도 못하는 사람들의 영향에 의하여 몰리며 이끌리고 있다. 그는 사람들이 생각하는 대로 생각하며, 그는 사람들이 행동하는 대로 행동한다. 이러한 사람들이라는 익명의 집합체 속에서 단독자의 모든 특수성은 평균화되어 있다. 모든 것은 눈에 안 보이는, 그러면서도 저항할 수 없는 힘의 강제 하에서 같은 모양으로 되어 있다. 인간은 결코 그 자신이 아니고, 인간 속에서 '세상 사람'으로 살고 있다.

3 공담(空談)·호기심 및 애매성

하이데거는 '세상 사람'의 존재 양식을 공담(Gerede)·호기심·애매성의 세 가지 개념으로 규정하였다. 그 출발점은 인간의 말 속에 있는 위험한 가능성, 즉 들은 말을 그것으로 지시된 사물 자체를 깊이 소화함이 없이 어떤 피상적인 의미로 받아들이고, 또 다른 사람에게 전달하는 가능성 속에 있다. 그들은 이해한다고 믿고 있다. 그리고 실제로 사물 자체에 대한 어떤 고유한 관계로부터 판단하는 것이 아니라, 그는 다만 표현된 말의 권위에 따를 뿐이다. 이 말은 다음에 전달될 때에는 단순한 공담으로 피상화된다. "그 사실은 사람들이 그렇게 말하고 있는 까닭에 그러하다."〔SuZ. 168면〕 공담은 근거가 없다. 왜냐하면 그것은 결코 사물 자체에 대한 근원적인 관련을 가지고 있지 않는 까닭이다. 그리고 그것은 침투할 수 없는 장막처럼 인간과 현실 사이에 가로놓여 있다. 공담은 이미 처음부터 인간의 이해를 미리 지정된 양식대로 지배하고, 현실과의 참다운 접촉을 도무지 못하게 한다. "공담은 사물을 먼저 충분히 이해함이 없이 모든 것을 알아채는 가능성이다. 공담은 이와 같은 어떤 무리한 점유임에도 불구하고 난파할 위험성으로부터 보호되어 있다."〔SuZ. 169면〕

그러나 공담은 깊이가 없고 본질적으로 일정한 장소에 뿌리를 박고 있지 않으므로 그 속에서 동시에 호기심이 일어나게 된다. 이것은 어떤 것으로부터 다른 것으로 뛰어넘어 가면서 피상적으로 파악된 것의 풍부함에 만족하려고 하며, 쉴새없이 흥미 있는 것을 따라 다님으로써 새로운 것에 대한 보다 깊고 책임 있는 대결을 모두 피하여 버린다. 그러므로 공담(空談)은 인간이 단순한 세상살이 속에 파묻혀 있으며, 그에게 절박한 모든 깊은 문제들을 회피하는 수단이 된다.

그러나 가장 위험한 것은 하이데거에 의하여 애매성이라고 불리어지는 것이다. 이 세상에는 진정한 것으로부터 진정치 못한 것을, 근거 있는 존재 관련으로부터 단순한 공담을, 진정한 인간적인 관심으로부터 호기심을 비추어서 구별할 수 있는 표지는 결코 없다. "모든 것은 참으로 이해되어 있으며, 파악되어 있으며, 발언되어 있는 듯이 보인다. 그러나 근본에 있어서는 역시 그것은 아니다."[SuZ 175면] 진정한 것으로 보여지는 모든 것은 거짓일 수 있다. 그리고 어떤 순간에 진정하였던 것도 다음 순간에는 이미 진정하지 않을 수 있다. 그러므로 애매성이라는 특성은 모든 정신적인 세계가 불안정하다는 것을 가장 심각하게 보여 준다. 이 정신적인 세계에서는 어떤 확실한 표지에 의하여 단순한 가상으로부터 인간의 본질적인 것을 구별한다는 것은 근본적으로 불가능하다.

이와 같이 일상성을 지닌 공동 현존재가 비본래성(非本來性)의 존재로서 파악된다. 아니 이 익명의 군중 현존재를 분석할 때에 비로소 앞에서는 아직 미해결로 남겨 두어야 하였던 비본래성의 엄밀한 규정이 나오게 된다. 인간은 사람들의 공중성 속에서 자신을 잃었다. 그는 군중 현존재에 타락되어 있다. 그래서 그의 실존의 본래성을 향해 올라간다는 것은 사람들의 공동 관계 속으로 얽매어 들어가는 것에서부터 벗어나는 것이며, 자기의 내면적인 것 속에 가로놓여 있는 가능성으로 반성하여 들어가는 것이다. 인간이 진지하게 노력할 때 비로소 실현할 수 있는 과제로서의 자아 존재가 여기에서 나타난다. 자아와 군중은 현존재의 본래성과 비본래성으로 서로 대립하고 있다. 본래성을 비본래성으로부터 구별하는 한계는 동시에 개별자를 군중으로부터 분리하는 한계이기도 하다.

그러므로 실존과 군중은 서로 필연적으로 제약되는 대립 개념이다. 엄밀한 실존의 개념으로 보면 모든 자연적인 공동 관계는 필연적으로 단순한 군중으로서 나타난다. 이것은 실존의 본래성을 향해 올라가는 것을 억누르려고 한다. 그리고 본래적인 실존을 향해 올라가는 것은 필연적으로 군중으로부터 벗어나는 것을 의미한다. 현대의 군중 심리학은 물론 처음에는 다른 어떤 근거 위에서 성장하였다. 그런데 그것은 그 자체부터 실존철학에 대한 긴밀한 접근을 보여 주었다. 즉 군중 심리학은 실존철학이 본래적인 실존을 보여줄 수 있는 배경을 드러내는 데 유효하였다.

여기에서부터 동시에 본래성과 비본래성의 관계가 더욱 날카롭게 규정된다. 처음에 실존적인 경험은 인간이 내용적으로 지시할 수 있는 모든 규정들로부터 이탈하는 과정으로서 규정되었다. 이에 대하여 지금 비본래성은 인간이 세계의 내용적인 규정들에게 자신을 잃어버리는 상태로서 나타난다. 이것으로부터 비본래성은 언제나 내용적으로 규정되어지나 본래성은 결코 어떤 고유한 내용을 가지는 것이 아니고, 언제나 반발적으로 물러가는 과정(규정하는 면으로 보면 부정을 거듭하는 과정) 속에서 오직 형식적으로 규정되어야 한다는 것이 성립된다. 그러므로 비본래성은 또 지속적인 상태로서 성립하는 데 대하여 본래성은 상태가 아니고 오직 과정일 따름이다. 그것은 결코 지속을 가지지 않으며, 어느 순간이나 새로이 획득되어야 한다. 그리고 각 순간과 더불어 다시 사라져 버린다. 이것은 앞으로 실존적인 시간의 이해에 대하여 본질적으로 되는 특징들이다.

4 완전한 세계개념

여기에서부터 비로소 세계라는 개념이 최후적으로 명확하게 정립된다. 세계는 언제나 오직 형식적으로만 규정되는 실존에 대하여 내용적으로 규정할 수 있는 것의, 또는 내용적으로 표현할 수 있는 것의 온갖 영역이라고, 뭔가 막연한 의미로 말하는 것으로써는 충분하지 못하다. 사람들은 위에서 말한 최후적인 고찰의 결과를 고려하여 세계는 현존재가 타락하기 쉬운 곳이라고 말하여야 한다. 인간의 현존재는 그의 세계로 타락하며 그렇게 함으로써 그의 본래적인 실존을 희생시키는 경향을 가지고 있다. 실존과 세계 사이에 있는 긴장을 통하여 실존철학은 삶과 삶의 기반과의 조화로운 관계(이것이 생철학의 태도다)로부터 구별되었는데, 지금 여기에서 비로소 이 긴장이 최후적으로 명확해진다. 이 점에 있어서 세속적인 영역과 종교적인 현존재의 기독교적인 대립이 새로운 형식으로 다시 문제된다. 세계와 자아의 관계는 타락과 본심 회복의 관계이다. 세계는 현존재가 자신을 잃어버리기 쉬운 곳이며, 그가 자기의 본래적인 실존을 찾아내기 위해서는 벗어나지 않으면 안 될 곳이다. 이것으로부터 사람들은 실존철학 속에서 서로 관련되어 있는 여러 가지 세계의 뜻들이 일치되는 것을 이해하게 된다. 인간적인 환경은 그것이 인간에게 가장 가까운 세계의 영역이라는 이유만이 아니라, 더욱 깊이, 인간의 공동 현존재의 분야는 타락되어 있는 분야라고 파악되는 이유의 특별한 의미에서 세계적이다. 이러한 의미에서 키에르케고르는 다음과 같이 말한다. "사람들이 세계라고 부르는 것은 이른바 세계에 자신을 떠맡기고 있는 인간들만으로 성립된다."〔Ⅷ 32면〕

이와 같이 세계 개념이 결정됨으로써 세계는 실존철학에 있어서 필연적으로 가치 없는 것으로 되어 버릴 수밖에 없었다. 불가피하게도 세계로부터 그 자신 속에서 자족하는 어떤 고유한 의미와 어떤 고유한 중요성이 부정되지 않을 수 없었다. 피히테의 극단적인 자유관념주의는 그로 하여금 이미 실존철학에 접근케 하고 있으며, 그에게 있어서 세계는 책임을 수행하는 단순한 질료로 전락하고 만다. 이와 비슷한 방법으로 실존철학에 있어서도 세계는 실존적인 시련의 단순한 장소로, 실존적인 운동이 초탈하여야 하는 단순한 배경으로 되어 버린다. 이러한 사실은 실존철학자들이 현실계에 대하여 가지는 관계에 있어서는 어디서나 필연적으로 나타나고 있다. 하이데거에 있어서는 세계란 '유용적인 것(das Zuhanden)'과 '관상적인 것(das Vorhanden)'의 두 가지 존재 양식으로, 즉 기술적으로 유용한 것의 영역과 이것으로부터 결손 상태로서 파악되는, 전혀 의미를 빼 버린 중성적인 사물의 영역으로 되어 버린다. 동물·식물의 유기적인 삶으로부터 가치 있는 의미를 지닌 인간의 문화에 이르기까지 모든 영역은, 고유한 의미에 의하여 충실된 어떤 현실계에는 속하지 않는다. 이와 마찬가지로 야스퍼스에 있어서는 세계정위(世界定位=사물의 이치·관계 등을 인식하는 것)가 현존재의 외적인 대외적 관심이다. 본래적인 실존의 무제한적인 광채 앞에서는 모든 세계는 의미를 빼 버린 배경으로 가치 없이 되어 버린다.

5 교제(交際)

그럼에도 불구하고 실존철학에 있어서도 고독성이 최후의 단안은 아니다. 실존도 엄밀한 의미에서는 공동 관계에 얽혀 있다. 그리고 실존이 본래성으로 뚫고 들어가기 위하여 군중 현존재의 속박으로부터 벗어나야 한다면, 이 때에 이 실존을 토대로 하여 '실존적인 공동 사회'(야스퍼스)나 '본래적인 공존재'(하이데거) 같은 어떤 다른 새 형식이 나타난다. 특히 야스퍼스는 실존적인 공동 사회의 관련에 대한 문제에 깊이 파고 들어갔다. 그는 단순한 현존재의 교제와 실존적인 교제를 구별한다. 처음의 것은 실존으로부터 볼 때에는 다만 실존적인 운동의 배경으로서만 문제되는 실존 없는 현존재의 테두리 속에 있다. 이에 대하여 나중의 것은 모든 실존철학의 근본적인 문제로 된다. 그리고 실존의 경험을 통하여 인간적인 관련의 어떤 독특한 파악이 결과한다는 것이 명백하여진다.

지금까지 본래적인 실존으로 돌입하는 것은 군중 현존재의 구속으로부터 해방될 때에만 가능하다는 것이 확인되었다고 하면, 거꾸로 본래적인 실존은 갇혀 있는 고독 속에서는 실현될 수 없다고 하겠다. 혹은 더욱 신중히 말하면, 그러한 고독 속에서는 실존이 성립할 수 없다. 고독 속에서 실존이 실현되기는 하나, 그 고독이 굳게 폐쇄되어 있을 때에는 실존은 필연적으로 사라져 버린다. 그 속에서 실존이 실현되는 고독은 폐쇄되어 있는 것도 아니요, 같은 인간으로부터 분리되어 있는 것도 아니고, 다른 실존에 대하여 개방되어 있는 것이다.

그렇다. 그것은 다른 실존과의 접촉으로 실현되기를 요구하며 바로 이러한 접촉 속에서 불타오른다. "나는 교제로 들어감이 없이는 나 자신이 될 수 없다."〔Ⅱ 61면〕 그러나 거꾸로 이 교제는 고독의 지양(止揚)이나 다른 것으로 단순히 몰입하는 것이 아니고, 이것은 어디까지나 고독의 토대 위에 머물러 있다. 그러므로 야스퍼스는 위에서 인용한 곳에서 다음과 같이 계속한다. "나는 교제로 들어감이 없이는 나 자신이 될 수 없다. 그리고 고독함이 없이는 교제로 들어갈 수 없다. 교제를 통하여 고독을 모두 지양하여 버릴 때에 어떤 새로운 고독이 생긴다. 이것은 교제의 가능 근거인 나 자신이 중단됨이 없이는 사라질 수 없다."〔Ⅱ　61면〕

여기에서 개방과 폐쇄의 관계에 대한 문제가 일어난다. 이 문제는 이미 키에르케고르로 하여금 언제나 열중케 하였으며, 동시에 모든 실존철학에서 필연적으로 일어나게 되는 하나의 문제다. 폐쇄가 의식적으로 지켜질 때에 인간은 최후적으로 헌신하려고 하지 않고, 아직도 안전을 따라다니고 있으며, 그는 편견과 권위를 지향하는 현존재의 테두리 속에서 행동하며 실존으로 행동하는 것은 아니다. 이에 대하여 인간이 실존으로서 헌신할 때에는 그는 아무런 숨김도 경계도 없이 완전한 개방 속에서 헌신한다. 야스퍼스는 특별히 이 측면을 힘을 주어서 강조하였다. 절대적으로 흉금을 터놓을 실존적인 교제 속에서 비로소 실존은 다른 사람과 함께 동시에 자기 자신에게 개방되어진다. 그리고 이와 같이 개방되어질 때에 비로소 완전히 현실적으로 된다. 실존은 다른 실존과 근본적으로 마주칠 때 이외에는 실현될 수 없다. "현실적으로 되며, 개방적으로 되는 이 과정은 고립된 실존 속에서는 성취되지 않고 다른 사람과 함께 성취된다. 나는 단독자로선 나에게 대하여 개방적인 것도 아니요 현실적인 것도 아니다."〔Ⅱ 65면〕

야스퍼스는 교제 속에서 무제한적인 헌신에 의하여 밑바침되는 이러한 개방화의 과정을 '사랑하면서의 투쟁'으로 표현한다. "이 속에서 두 사람은 숨김 없이 서로 심정을 드러낼 것을 시도하며, 문제 속으로 뛰어 들어가려고 감행한다."〔Ⅱ 65면〕

최후적인 헌신 속에 있는 이러한 개방은 언제나 하나의 모험이다. 이 개방은 이전에 가장 비밀이요, 가장 모욕적인 것으로서 부끄러움 속에 숨겨져 있던 것을 터놓고 말하며 보여 준다. 개방은 이 최후적인 인간의 헌신이 다른 사람에 의하여 그와 똑같이 성실하게 받아들여지지 않는다는 모험 속에 던져져 있다. 우나무노가 그의 모든 돈키호테 해석으로 노린 목표는, 즉 실존적인 것은 일상적인 현존재의 입장으로 보면 언제나 우스운 결과로 나타난다. 그러므로 실존적인 교제라는 헌신은 언제나 주목을 끌지 못하거나 오해를 받고 이용되거나 조소를 받을 모험을 초래한다. 그리고 이 헌신은 최후적인 희생 속에서 자기 자신으로 다시 돌아가도록 강요할 것이다. 그러나 거꾸로 이 모험은 감수되어야 한다. 왜냐하면 그렇지 않을 때에는 실존적인 접촉은 결코 안일하게 될 수 없는 까닭이다. 이 모험을 받아들일 의욕이 없는 사람은, 그리고 영리하게 숨김으로써 자신을 안전하게 하려고 하는 사람은 결코 안전한 실존적인 교제에 도달할 수 없다.[1]

6 실존적인 공동사회

이와 같이 실존적인 면접의 본질 속에는, 그것은 언제나 개별적인 고독한 인간으로부터 다른 고독한 인간에 대하여 가능하며 그것은 본질적으로는 여러 사람들에게 전달될 수 없다는 특성이 있다. 이러한 사상의 특징 속에서 야스퍼스 자신이 그가 아직 막연하게 교제에 관하여 논한 곳에서 교제를 단독적인 상대자에게 관계시킨 사실을 충분히 이해할 수 있다. "나는 일정한 다른 사람(단독적인 상대자를 의미한다)과의 교제 속에서만 존재한다."〔Ⅱ 50면〕 그리고 실존 자체가 지속 상태로서 가능한 것이 아니고, 드물고 적은 특별한 순간에만 제한되어 있듯이, 실존적인 교제 속에도 실로 다음과 같은 특성이 있다. 즉 교제는 정당한 의미에서 공동 사회라고 불리는 어떤 관계로서 가능한 것이 아니고, 강요될 것이 아니라 인간에게 선물로서 주어진 매우 드문 순간에 제한되어 있다는 특성이 있다. 그것은 실존 자체처럼 부서지기 쉽다. 그러므로 실존적인 교제는 자연이나 역사를 통하여 이루어진, 오래 계속되는 공동 사회 형식으로부터 엄밀하게 구별된다.

이러한 까닭에 극단으로 말하면 각 순간에 있어서의 실존적인 공동 사회는 그 순간에 최선을 다함으로써 완전하며 절대적일 것이다. 그러나 그것은 새로운 가능성에 대하여 역시 절대적으로 개방되어 있을 것이다. 따라서 바로 이 무제한적인 실존이 그의 숨김없는 성격으로 말미암아 배신적으로 될 수 있다. 그리고 이러한 위험은 실존적인 태도 속에 의심할 여지없이 포함되어 있다. 체험의 이러한 무상한 성격이 어떤 불변적인 조건에 충실함으로써 극복될 때에 비로소 사람들이 엄밀한 의미에서 공동 사회라고 부를 수 있는 것이 생겨나게 된다. 어떤 '실존적인 공동 사회'는 자유로 받아들인, 그리고 언제나 다시 변경될 조건에 충실하는 데서 가능하게 된다. 그러므로 야스퍼스가 실존적인 공동 사회를 논할 때에 그것은 자유 속에 '창립된 것'을 의미하는 것으로서, 어떤 날카로운 한계로써 자연적으로 주어진 모든 공동 사회로부터 구별된다. "실존의 존재에 의하여 밑받침됨으로써 현존재 속에서 다른 존재가 우리에게 대하여 비로소 중요성을 가진다. 그러나 이 실존의 존재는 스스로 실현하여 나가는 무제한한 것으로서 창립되는 공동 사회이며, 역사적인 것에 그치고 결코 불변적인 것이 될 수 없는 공동사회이다."〔Ⅱ 427면 및 다음 면〕

이리하여 실존적인 요청의 무제한성은 인간의 공동 사회에 있어서 최후적인 기준이 된다. 그리고 실존적인 공동 사회는 공동 사회 일반에 대하여 비로소 그의 참다운 가치를 준다는 데에 실존적인 공동 사회 개념의 고유한 기능이 있다. 자연적으로 주어진 혹은 관습을 통하여 유지되는 모든 공동 사회 자체는 그것이 실존의 자유스러운 행위 속에서 받아들여지지 않고 심각하게 체득되지 않을 때에 몰락하여 버린다. 그리고 실존적인 공동 사회는 실존 자신처럼 그것이 각 순간에 새로 최선을 다하여 획득될 때에만 성립할 수 있다.

주

1. O.F. Bollnow의 ≪외경≫(1947년 출판) 중 특히 143면 이하 및 177면 이하를 참고하라.

Ⅶ 상황과 한계상황

1 상　황

그러나 세계에 대한 인간의 관계에 관하여 지금까지 주어진 규정들은 실존철학 속에서 다시 어떤 다른 관점으로 본질적으로 날카로운 하나의 규정을 받는다. 지금까지 인간의 실존과 함께 이미 같은 근원적인 것으로서 하나의 세계가 주어져 있다는, 그리고 이 세계는 억압을 주고 불안전하게 하는 성격을 지니고 있다는 것이 드러났다. 그러나 '실존하는 사상가'라는 개념 속에 이미 하나의 더욱 깊은 특징이 포함되어 있었다. 이것은 그 뒤에 지금까지의 서술 속에서 자취를 감추었던 것이다. 이 특징은 다음과 같다. 즉 이 사상가는 그의 사고 속에서 자기의 현존재를 통하여 이미 환경의 독특한 상태, 즉 독특한 세계 속으로 빠져 들어가 있다. 이러한 세계 속으로 들어가 있는 것을 이 현존재는 깨닫는다. 그리고 이 세계는 어떤 독특한 양식으로 현존재로부터 결심을 요구한다.

실존철학의 첫 출발은 여기에 있어서도 다시 생철학과 일치한다. 생철학적인 경향도 사고하는 인간의 특수한 입장을 무시하는, 허공에 뜬 어떤 추상적인 사고에 반대한다. 그리고 사고가 배후로 삶과 결합되어 있다는 점과 함께 동시에 특수한, 그리고 언제나 바뀌는 생활 상태에 관련되어 있다는 점을 강조한다. 모든 삶은 언제나 어떤 일정한 처지에, 즉 일정한 생활 상태에 놓여 있음을 발견한다. 이러한 특수한 입장으로부터 주위의 사물들은 공간적인 의미에서 뿐만 아니라 동시에 관심의 정도에 있어서 멀고 가까운 관계에 따라서 분류되어진다. 삶의 관련들이 인간으로 하여금 주위의 사물 및 인간들과 결합하게 한다. 그리고 이 삶의 관련으로부터 이들(사물 및 인간들)은 인간에 대하여 어떤 일정한 의의를 얻게 된다. 이 삶의 관련들은 그 자신이 다시 매우 여러 가지 종류를 포함하며, 특히 촉진과 방해, 우호적인 것과 적대적인 것의 두 가지 면으로, 즉 삶의 관련들이 인간의 삶과 노력에 대하여 가지는 특수한 관계에 따라서 구분된다.

이러한 모든 것으로부터 인간이 서 있는 특수한 '처지(die Lage)'가 결정된다. 이와 같은 처지는 자신 속에 언제나 이미 세계의 일정한 질서를 포함하고 있다. 이 질서 속에서 각 개별적인 부분은 인간에 대한 그의 특수한 관련에 따라서 그의 일정한 위치를 가지게 된다. 처지가 이러한 질서 전체의 특성을 규정한다. 그러나 이 질서 전체는 인간에게 마음속 깊은 곳까지 영향을 주며, 그에게 일정한 태도 결정을 요구한다는 결과로 나타난다.[1]

실존철학도 아주 비슷한 양식으로 나타난다. 그리고 그

의 입장에 알맞도록 '상황(Situation)'이라는 개념을 만들어 냈다. 인간은 그의 현존재를 통하여 이미 이 상황 속에 놓여져 있음을 발견한다는 것이다. 이러한 의미에서 야스퍼스는 다음과 같이 정의를 내린다. "상황은 자연 법칙에 따르는 현실계만을 말하는 것은 아니다. 도리어 의미가 관련되어 있는 현실계를 말한다. 그것은 심리적인 것도 아니요, 물리적인 것도 아니고, 이 양자가 동시에 나의 현존재에 대하여 이익 혹은 손해, 행운 혹은 방해를 의미하는 구체적인 현실계를 이룩한다."〔Ⅱ 202면〕 이 실존철학적인 상황이라는 개념은 바로 생철학적인 처지라는 개념에 대응한다. 그러나 동시에 서로 다른 점도 있다. 이 차이들이 이 두 가지 철학적인 방향의 관계에 대하여 일반적으로 말할 수 있는 것들이다. 생철학 속에서는 촉진과 방해의 관련들이 동등하게 강조되고 있는 데 대하여, 아니 촉진하는 면이 어떤 우위까지 가지는 데 대하여 실존철학은 방해하는 면을 특별히 중요하게 본다. 그리고 생철학은 처지를 특히 정지적인 처지로서 이해하고 여기에서 비로소 모든 개별적인 태도의 형식이 전개된다고 이해하여 왔다. 따라서 인간이 놓여져 있는 처지로서 이해하여 왔다. 이에 대하여 실존철학에서 말하는 상황은 인간을 더욱 날카롭게 곤경에 빠뜨리게 하는 성격을 가지게 된다. 처지는 그것이 인간을 일정한 난관 앞에 세울 때에 상황으로 된다. 이 난관들은, 그것이 압박으로서 체험되고, 바로 이 압박을 통하여 고도의 활동 의욕이 환기되는 이상, 인간에게서 어떤 극복을 요구한다. 인간적인 현존재의 '유한성'이라는 사상은 상황이라는 개념에 이와 같은 극단의 규정을 준다.

2 상황의 구속성

실존철학은 이러한 의미에서, 상황이란 인간이 오직 기회에 따라서 외적으로 빠져 들어가 있는 어떤 무엇이 아니고 인간의 현존재가 본질적으로 상황 속에 있는 존재이며, 인간은 어떤 상황에 구속되어 있는 상태로부터 결코 벗어날 수 없다고 강력히 주장한다. 인간은 그의 삶의 순간마다 이미 어떤 상황 속에 놓여 있는 것을 발견한다. 이 상황을 인간이 스스로 선택한 것은 아니었다. 그것은 인간의 희망이나 요구를 고려하여 주는 것이 아니고 어떤 낯설고 적대적인 것으로 인간을 짓누른다.

그러나 앞에서 이미 세계라는 개념에 관하여 그것은 "외적인 현실계뿐만 아니라, 인간 자신의 내면적인 현실계도 의미한다." 라고 강조하였던 바와 같이, 사람들은 여기에서도 어떤 일정한 상황에 관련하여서 외적인 상태만을 생각해서는 안 된다. 거기에는 인간에게 이미 주어진 특수한 품성도, 즉 육체적·정신적인 상태도 포함되어 있다. 인간은 심리적으로 언제나 어떤 일정한 기분 속에 있으며, 그의 감정적인 경향의 어떤 일반적인 '색조(色調)' 속에 있게 된다. 그리고 이러한 관계에 대하여 지금까지 일반적으로 상황에 대한 관계에 관하여 말한 것은 모두 그대로 일치된다. 즉 인간은 일정한 기분도 삶의 각 순간 속에서 어떤 외적인 것으로서 발견한다. 인간이 그것을 마음대로 만들어 낸 것은 아니었다. 인간은 그때 그때의 어떤 일정한 기분에(비록 특수한 기분의 색조가 아무리 빨리 변한다고 하더라도) 구속되어 있는 상태로부터 역시 벗어날 수 없다. 이러한 측면은 특히 하이데거에 의하여 깊이 분석되었다. 그에게서 이 기분은 인간의 근본 심정성으로서 그의 ≪현존재의 분석론≫ 첫머리에 자리잡고 있다.

이와 같이 현존재가 언제나 어떤 상황 속에 놓여져 있는 것을 느낄 때 이것은 물론 이 상황이 시간의 흐름 속에서 변한다는 것을 배격하는 결과로는 되지 않는다. 도리어 상황은 항상 변한다. 그렇다. 그것은 인간이 자기 쪽으로도 그의 상황에 어떤 영향을 준다는 사실을 배격하지 않는다. 이러한 영향은 직접적으로, 즉 직접 손을 댐으로써 나타나는 것이 아니고, 인간이 어떤 새로운 상황의 형성을 마음 속에서 유도하고 이것을 통하여 그에게 유리한 어떤 상황을 이끌어 오도록 노력함으로써만 나타난다. 그러나 인간이 놓여져 있는 그때 그때의 상황이 끊임없이 변하는 데 반하여, 상황에 구속되어 있는 상태 일반은 이러한 변화를 통하여 결코 없어지지 않는다. 이것을 특히 야스퍼스가 날카롭게 강조하였다. "현존재는 상황 속에 있는 존재인 까닭에 나는 결코 어떤 다른 상황 속으로 들어가지 않고는 현재의 상황으로부터 빠져나올 수 없다."〔Ⅱ 203 면〕

앞에서 아직 막연하게 인간의 '유한성'이라는 개념으로써 불리었던 것이 이 서술 속에서 더욱 엄밀한 규정을 얻게 되었다. 상황은 인간이 감수하지 않으면 안 될 어떤 무엇이다. 바로 여기에 생철학적인 태도와의 차이가 명백히 표현된다. 생철학은 처지를 고통스러운 결함이나 구속으로서 느끼지는 않는다. 그는 그 속에서 인간을 밑받침하고, 인간의 개별적인 모든 형식의 태도를 가능케 하는 토대를 발견한다. 여기에 대하여 상황이라는 개념은 바로 저항성이라는 계기를 강조하며, 그 속에서 인간의 '유한성'이라는 본질을 강조한다.[2]

3 한계상황

이와 같이 개별적인 상황들은 변하고 적어도 부분적으로는 우리의 계획적인 '간섭'에 따르는 데 대하여, 이리하여 우리가 상황들을 지배할 수 있는, 즉 그의 위협으로부터 현명한 방지책을 통하여 피할 수 있는 데 대하여, 동시에 우리 현존재의 보다 결정적인 다른 제한성들이 나타난다. 이것들은 현존재에 대하여 원칙적으로 극복할 수 없는 '구속'으로서 대립한다. 그것은 개별적인 일정한 상황들이 아니고, 물론 그때 그때에 구체적으로 나타나는 형식들은 변

하나 그 자체는 현존재 자신에 속해 있는 일반적인 엄연한 사실들이다. 상황에 구속되어 있다는 사실도 바로 이 계열 속에 속해 있다. 한 걸음 나아가서 그 속에는, 나는 죽어야 한다, 나는 행위에 대해서—그리고, 행위를 하지 않을 경우에도 역시—피할 수 없이 나 자신이 책임을 져야 한다, 나는 우연에 지배되어 있으며 우연 속에서 움직이고 있다, 쓰라림과 고통은 결코 피할 수 없고 오직 어떤 '적대자'와의 투쟁 속에서만 나의 외적·내적인 삶을 유지할 수 있다, 라는 사실들이 포함되어 있다.

이러한 위협들은 물론 그들이 개별적으로 나타나는 형식은 변할 수 있으나, 그 자체는 현존재의 본질에 속하여 있으므로 피할 수 없다. 이러한 위협들을 야스퍼스는 '한계상황'이라는 적절한 이름으로 표현했다. 비록 이 이름은 야스퍼스에 의하여 만들어진 독특한 말이며 다른 실존철학자들에게는 나타나 있지 않으나 그 내용상으로는 이 한계상황의 경험은 실존철학 일반에 대한 특징이다. 우리는 한계상황을 야스퍼스 자신이 이 개념을 도입할 때의 말을 빌려서 가장 명확하게 표현할 수 있다.

"그것들은 변하지 않고, 오직 그것들이 나타남에 있어서만 변한다. 그것들은 우리의 현존재에 관련되어 있으므로 근본적이다. 그것들은 전망될 수 없다. 우리의 현존재 속에서는 우리들은 그들의 등뒤에 있는 아무것도 보지 못한다. 그것들은 우리가 부딪치게 되며, 우리가 난파하게 되는 하나의 벽과 같은 것이다. 그것들은 우리들에 의하여 변화를 받는 것이 아니다. 그것들은 어떤 다른 것으로부터 설명되거나 연역되지 않고도 명백하게 나타난다."〔Ⅱ 203면〕[3]

여기에서 말한 '한계'라는 개념은 실존철학 일반에 대하여 그러하듯이 야스퍼스에 대하여 결정적인 의미를 가진다. 인간의 현존재가 언제나 어떤 한계를 가진다고 하는 것은 새로운 것이 아니고 늘 보아 왔던 것이다. 이에 대하여 여기에선, 어떠한 양식으로 그 한계가 인간 자신의 내면적인 본질로 받아들여져서 현존재의 본질을 구성하는 요소로서 이해되는가 라는 것이 새로울 뿐이다. 한계는 여기에서 어떤 외부에 가로놓여 있는 것도 아니요, 외부로부터 인간을 속박하는 것도 아니다. 그것은 인간을 그의 가장 내면적인 본질 면에서 규정하는 어떤 무엇이다. 그리고 이것으로부터 개별적인 한계상황, 즉 고뇌·투쟁·우연·책임 같은 것에서 주어지는 바와 같은 실천이 나타난다. 사람들은 보통 이러한 고뇌·투쟁·우연·책임 같은 것을 항상 잘 알고 있었다. 그러나 사람들은 그것들을 보통 우연한 것, 피할 수 있는 것, 현재의 질서가 불충분한 데 기인 하는 것으로 판단하여 왔다. 사람들은 이 질서를 개선하려고 하였으며, 괴로움과 투쟁 및 기타의 삶의 악들이 배제되어 있는 세계, 즉 유토피아를 생각해 냈다. 그러나 사람들이 그것들을 근본적으로 제거할 수 있는 것이라고 생각하는 사이에 사람들은 근본적으로 그것들과 대결할 필연성으로 부터 도피하였다.

그러나 실존철학에서는 이러한 사건들은 없앨 수 없는 성격을 가진 것으로서 인식된다. 즉 사람들이 피할 수 없는 어떤 무엇으로서, 인간 자신의 본질에 속하여 있으며 그것 아니고는 사람들이 인간의 본질을 충분히 규정할 수가 없는 어떤 결정적인 것으로서 인식된다. 그리고 한계상황은 사람들이 받아들이는 행위 속에서 가감할 수 있는 성질의 것이 아니다. 인간들은 그것들이 억압하는 현실에 부딪히면 모든 지식과 행동의 근거에 회의를 갖게 된다는 것과, 그들 속에서 ― 인간이 고의로 그들로부터 눈을 돌리지 않는 이상 ― 인간의 삶을 가장 내면적인 근거에 이르기까지 뒤흔들고 마는 완전한 불만이 나타난다는 것이 결정적인 특징이다. 한계상황 속에서 인간은 그의 현존재의 한 불안성에 부딪히게 된다. 그러므로 야스퍼스는 다음과 같이 말한다.

"그들의 공통적인 성격은 다음과 같다. 거기에는 고정적인 것이란 없으며, 의심할 수 없는 절대적인 것이 없으며, 각 경험이나 각 사고에서 변함없이 유지될 근거가 없다. 모든 것이 흐르고 있으며, 모든 것이 문제화되는 부단의 운동 속에 있으며, 모든 것이 상대적이며, 유한하며, 대립 속에 분열되어 있다."〔Ps. 229면〕

이러한 의미에서 '한계상황'은 그 속에서 인간이 자기 현존재의 한계에 인도되는 상황이다. 현실계는 조화적이며 의미가 충만한 전체로 통합되는 것이 아니고, 사고를 통해서는 완결될 수 없는, 혹은 다만 근본적으로 제거할 수 있는 것같이 보일 뿐인 모순들이 현실계 속에 나타난다는 경험 속에서 어디서나 한계상황들이 체험되어진다. 그것들은 키에르케고르가 '역설'이라는 개념으로 강조하였던 성격들을 의미한다. 그것들은 '고기 속에 있는 가시'와 같은 것이다. 이것을 통하여 인간의 눈앞에 자기 현존재의 불완전성이 절실하게 반영된다. 그러므로 한계상황 속에서 가장 날카로운 형식으로 인간의 '유한성'이 경험된다. 왜냐하면 그것은 모든 조화적인 세계관과 인생관을 불가능하게 하는 완강한 '제한'을 의미하는 까닭이다. 개별적인 한계상황들은 현재 이 서술의 테두리에서는 전개될 수 없다. 여기에서 다만 일반적으로 암시된 특징들은, 인간의 현존재에 있어서 가장 극단의 한계상황인 죽음의 실례에서 비로소 더욱 확정적으로 밝혀질 것이다. 여기에서는 우선 한계상황의 직접적인 의미를 실존의 경험에 의해서 밝혀 내는 것이 문제다.

한계상황들은 어떤 조화로우며, 완결된 세계상(世界像)에 만족하려는 모든 경향에 대립하는 까닭에 그것들은 인간 속에 불안을 심어 놓는다. 이 불안은 인간을 앞으로 앞으로 채찍질한다. 그것들(한계상황)은 이성으로 설명될 수 없고, 그것들의 생생하고 절박한 현실성은 완전히 이성으로부터 벗어나 있는 까닭에, 그것들은 인간의 현존재가 지니고 있는 모든 불안성과 불안정성을 절실히 보여 준다. 그것들은 인간의 현존재로 하여금 자신을 상실하는 것을 깨닫게 함으로써 비로소 인간의 현존재로 하여금 자기 실존의 완전한 긴장으로 떠밀어 준다. 뭐니뭐니해도 이것이 가장 빼어난 특성이다. 즉 인간의 현존재는 본래부터 항상 자신을 잃고 세계에 대해 타락하고 있는 상태에 놓여 있으므로, 그에게는 말하자면 내부로부터, 즉 자신의 힘과 자신의 충동으로부터 자기 실존의 '본래성'으로 자신을 높이는 가능성이 없는 것이다. 그는 그것으로 비로소 강요되어져야 한다. 그리고 이것은 현존재가 한계상황 속에 들어 있다는 것을 깨닫는 뚜렷한 경험 속에서 일어난다.

이러한 한계상황의 경험으로부터 비로소 실존의 완전하고 구체적인 개념이 드러난다. 앞에서 실존에 관하여 직접적으로 논하였던 것은 아직도 너무나 형식적이며 일반적이었다. 한계상황에서 비로소 실존의 개념 속에 포함되어 있는 완전한 날카로움이 드러난다. 물론 인간은 한계상황 앞에서도 또다시 피하여 일상적인 현존재의 분망 속으로 도피할 수 있다. 그러나 한계상황들을 날카롭게 직시할 때에 그 한계상황에서 본래적인 실존의 실현이 달성된다. "우리는 우리가 한계상황으로 자유스럽게 안목을 돌림으로써 우리 자신이 된다."〔Ⅱ 204면〕 그러므로 야스퍼스는 다음과 같이 근본적으로 요약하여 그것의 완전한 의미를 뚜렷하게

나타내 주고 있다. "한계상황을 경험하는 것과 실존하는 것은 똑같다."〔Ⅱ 204면〕

〔주〕

1. O.F. Bollnow의 ≪이해≫, 정신과학의 이론에 대한 세 논문(1949년에 Mainz에서 출판) 참고.
2. 상황이라는 개념도 여기에서는 야스퍼스가 사용한 바와 같은 일반적인 용어와 일치하는 의미에서 채용되며, 하이데거가 '상황'을 인간의 태도의 확고한 '결단'으로부터 유도한 것 같은 심각한 의미에서 채용한 것은 아니다. 후자는 하이데거 철학의 특수한 영역으로 전문적으로 깊이 들어가는 것을 요구할 것이다.
3. K. Jsapers의 ≪세계관의 심리학≫, 제3판(1925년) 229면 이하 참고, 앞으로 Ps.로 인용함.

VIII 불안

1 실존철학에 대한 불안의 의의

세계에 대한 인간의 관계가 보다 자세하게 전개되었을 때, 그리고 이와 동시에 인간의 상황이 그의 아주 불안전한 성격으로서 드러났고, 세계 자신이 그의 아주 불안스러운 성격으로서 드러났을 때에, 거기에서 실존철학의 세계 및 삶의 이해가 벌써부터 어떤 독특한 기분을 바탕으로 하여 밑받침되어 있다는 것이 더욱더 명백해졌다.

그것은 이론적인 태도의 차디찬 대상적인 성질도 아니요, 주위의 모든 세계에 대하여 어떤 친근과 친밀을 느끼는 생철학적인 따뜻한 근본 심정도 아니다. 여기에서는 바로 암담하고 가슴을 누르는 생활 경험이 매우 중요하다. 즉 '불안'과 '절망'이라는 기분 상태, 우울 및 지루한 느낌은 실존철학에 독특한 특성을 부여한다. 그리고 이 점에서부터 자주 실존철학에 대한 반대도 일어났다. 그것은 삶을 저주하는 염세주의라는 이유에서였다. 그러나 이러한 반대는 실존철학의, 이러한 토대 위에서는 결코 '힘'의 약화가 결과된 것이 아니었다는 것과 도리어 이 토대 위에서 실존의 힘과 기능이 흘러 나왔다는 것을 알지 못하였던 때문이다.

　우선 대강 살펴보기 위하여 서로 다른 기분의 여러 가지 종류를 '명랑'과 '우울'의 양극으로 배열한다면 사람들은 실존철학에 있어서는 단연코 우울한 기분의 측면이 우세하다는 것을 첫눈에 알 수 있다. 뿐만 아니라 여기에서 가능한 여러 가지 구별 중에 특히 '불안'이 적절하다. 아니 불안의 철학적인 효과는 실존철학이 이루어 놓은 위대한 인간학적인 발견들 중의 하나다. 그러므로 불안은 실존철학이 가지는 비이론적이며, 기분적인 독특한 성격을 밝히는 데에 특히 적당하다. 앞에서 상황과 한계상황를 다룰 때에 너무나 추상적으로 전개할 수밖에 없었던 많은 성격들이 이 불안 속에서 정밀하게 설명된다.

　언뜻 보면 불안에는 철학적인 깊은 의미가 도무지 없는 것같이 보인다. 사람들은 불안을 인간에게 개별적으로 가끔 괴롭게 따라 다니기는 하나, 본질상으로 보면 역시 표면에만 관계하는 어떤 무엇으로서 생각하였고, 인간이 그의 인격이 미숙할 때에 빠지게 되는 약점이라고 생각하였다. 그리고 이러한 약점을 교육과 수양에 의하여 될 수 있는 대로 극복하는 것이 중요하다고 보았다. 그런데 실존철학의 독특한 발견은 다음의 사실 속에 있었다. 즉 여기에서는 불안이 그의 가장 근본적인 의미에서, 다시 말하면 본래적인 실존이 되는 데 있어서 없어서는 안 될 조건으로서 인식되었다는 것이다. 불안의 이러한 발견은 1844년에 나온 《불안의 개념》이라는 키에르케고르의 저서 속에서 처음으로 나타났다. 이 저서보다 이미 1년 앞서서 ≪공포와 전율≫에서 이와 비슷한 사상들이 먼저 전개되었다. 불안의 체계적이며, 철학적인 충분한 검토는 대부분이 하이데거의 이에 관한 장·절에 의거한다.〔SuZ. 184면 이하〕

2 공포와 불안

실존철학은 불안의 독특한 본질을, 우선 가까운 현상인 단순한 공포로부터 구별한다. 무엇보다 불안과 공포는 서로 가깝다. 그리로 '언어 용법'은 가끔 그들을 구별함이 없이 사용한다. 그러나 그럼에도 불구하고 어떤 차이가 엄연히 있다. 이 차이를 이미 습관적인 언어 용법에서 예민한 사람은 구별하여 낸다. 실존철학은 이 차이를 개념적인 방법으로 밝혀 낸다. "공포는 언제나 어떤 일정한 것에 관계한다."〔Ⅴ 36면〕 사람들은 아마 어떤 위험·습격·모욕·도깨비·처벌·발각 같은 것 앞에서 공포를 느낄 것이다. 언제나 그것은 어떤 아주 일정한 — 현실적인 또는 관념적인 — 위협이다. 공포는 인간을 해칠 수 있는, 따라서 그 앞에서 그는 조심하지 않으면 안 되는 어떤 무엇에 관계한다. 일정한 위협에 관계할 때 인간은 공포를 느낀다. 그리고 가능한 피해의 정도에 따라서 공포는 보다 크게 혹은 보다 작아질 수 있다.

이에 반하여 불안은 사정이 다르다. 그것은 불안하게 여겨야 할 일정한 대상을 결코 가지고 있지 않다. 사람들은 무엇을 불안하게 여기는가를 근본적으로 말할 수 없다. 그리고 이 물음에 접하면 당황하게 될 것이다. 여기에 또한 사람들이 불안에 반대하는 수단으로 삼으려는 흔히 있기 쉬운 이의가 가로놓여 있다. 즉 사람들은 얼마나 '불안'이 근거가 없는가를 명백히 알 수 있다는 것이다. 그러나 불안의 특성은 그것이 모든 이성적인 숙고를 통한 논란으로 제거되지 않는다는 데 있다. 그것은 반항할 수 없을 정도로 완강하게 버티고 있다. 그리고 억압하려는 억센 심정으로서 사람들이 제아무리 격심한 분주 속에서 잊으려고 하여도 아주 자취를 감추지는 않는다. 사람들은 무엇보다도 대상에 있어서 근거가 없고 불확정적인 성격을 불안을 반대하는 데 이용하려고 할지도 모른다. 그러나 사람들은 이 성격을 불안의 깊은 본질에 속하여 있는 것으로서 파악하지 않으면 안 된다.

바로 이 불확정적인 성격 속에 사람을 고민케 하는 불안의 독특한 성격이 가로놓여 있다. 바로 인간이 어느 일정한 면으로부터 위협을 받지 않기 때문에 그는 또한 이 위협에 저항할 수 없게 된다. 그리고 만약 그것을 막아 버리면 다시금 그의 본래의 안전을 회복할 수 있게 된다. 그 위협이 걷잡을 수 없이 사방으로부터 일시에 닥치는 것 같으므로 사람들은 그것에 저항할 수 없다. 그것은 도리어 세계에 대한 인간의 관계가 전체적으로 불안 속에서 뒤흔들리는 상태와도 같다. 평소에는 그토록 따뜻하게, 친밀하게 둘러싸고 있는, 그리고 여러 가지 삶의 관련들을 떠받치고 있는 세계가 별안간 멀리 물러간 듯하다. 인간과 가치나 이념들을 지니고 있는 온 정신적인 세계 사이에 무엇이 가로놓여졌다. 평소에는 그를 기쁘게 하였으며, 또 그가 갖은 노력을 다하여 목표로 삼았던 것이 무관심이라는 어떤 전반적인 회색의 안개 속에 삼켜져 버린 듯하다. 모든 다채로운 가지가지의 삶이 불안 속에서 마비되며 창백하여진다. 삶에 의미를 붙이려는 모든 노력은 절망적인 의심 속에 잠겨 버린다. 인간은 이제 그가 의지할 수 있는 어떤 것도 가지지 못한다. 그는 아무것도 손에 거머잡을 수 없다. 그리고 몸서리나는 무서운 고독과 고립 속에 잠기게 된다.

이리하여 불안은 파악될 수 있는 어떤 일정한 근거에 뿌리를 박고 있는 것이 아니면서 불안스러움 자체를 나타내는 심정이다.

앞에서 언급한 릴케의 《위대한 밤》 속에 나오는 불안성의 체험이 여기에서 다시 한번 연상되어지지 않으면 안 된다. 총체적인 불안성의 체험이 불안 속에서 더욱 확실하여진다. 그러므로 불안은 공포처럼 보다 클 수도 보다 작을 수도 없고 본질적으로도 무한하다.

3 불안과 무(無)

불안이 지나간 뒤에 사람들은 한숨들을 내쉬고 자신에게 타이른다. 즉 근본적으로 아무것도 없었다 라고……. 실존철학은 바로 이 확인에서 출발한다. 그리고 이것을 글자 그대로 받아들인다. 실제로 아무것도 없었다. 그러나 지금 실존철학이 이와 같이 강조한 이것은 결코 불안에 반대하는 근거가 되는 것이 아니고, 바로 그것을 그의 가장 깊은 본질 속에서 표현하고 있는 것이다. 그것은 불안 속에서 나타나는 '무(Nichts)' 자체이다. 그리고 '무'는 결코 어떤 무의미한 무엇이 아니고 인간의 현존재 속에 있는 가장 적극적인 어떤 '현상'이다. 이리하여 키에르케고르에게서 다음과 같은 것을 찾아볼 수 있다. "우리가 불안의 대상이 어떠한 것인가."를 따져 묻는다면, 언제나 다음과 같이 대답하게 된다. 그것은 '무'다 라고. "불안과 무는 언제나 서로 대응한다."[Ⅴ 93면] 혹은 다른 곳에서 다음과 같이 말한다. "그러나 '무'는 어떠한 작용을 가지는가? 그것은 불안을 낳는다."[Ⅴ 36면] 하이데거는 술어적으로 한층 명백하게 파악하여 다음과 같이 표현하였다. "불안은 무를 드러낸다."[1] "불안은 무 앞에 서 있는 근본 심정성이다."[2]

이곳에서 바로 실존철학적인 불안의 해석이 출발한다. 그리고 불안을 통하여 받는, 얼른 보기에 무의미한 인간의 피해가, 실존철학이 '무'의 이러한 자극과 경험의 의미를 문제삼음으로써 적극적인 의의를 가지게 된다. 그리고 또 실존철학적인 세계상에 있어서만 불안에 이와 같은 적극적인 의미를 줄 수 있다는 것도 명백하다. 다시 말하면 인간이 그의 환경 속에 뿌리를 박고 있는 것이 자연적이며, 그 자체가 가치 있는 상태라고 친다면, 불안은 오직 교란하는 것으로만 이해될 수 있다. 이에 대하여 인간이 그의 세계 속에 파묻어 버리는 이 자연적인 태도를 실존철학적인 의미에서 '타락'으로 인식하는 순간에, 불안도 그의 바꿀 수 없는 고유한 기능을 가지게 된다. 불안은 모든 친숙한 삶의 관련 속에 있는 인간을 뒤흔들어 버린다. 자연적인 세계관의 테두리 속에서는 하나의 무의미한 피해를 의미하게 될 이 사건은 실존철학의 토대 위에서 보면 하나의 필연적·불가결적인 의미를 가진다. 불안은 인간을 일상적으로 깊은 생각 없이 살아가는 안이한 상태로부터 몰아내기 위하여 없어서는 안 될 것이다. 그것은 강력한 힘을 가지고 있다. 아니 분발시키는 독특한 힘을 가지고 있다. 불안 속에서만 인간은 세계의 타락된 상태로부터 구출된다. 그리고 그렇게 함으로써 비로소 자기 본래적인 실존의 과제를 위하여 자유스럽게 된다. 이러한 의미에서 하이데거는 말한다.

"이와 같이 불안은 타락 속에서 자신을 세계로부터 또 공중적(公衆的)인 해석으로부터 이해하는 가능성을 현존재로부터 빼앗아 버린다. 그것은 현존재를 그가 불안스러워

하는 근거로, 즉 자기 본래적인 세계내의 존재가능으로 던져 보낸다."〔Suz. 187면〕

4 자유에서 오는 현기증으로서의 불안

이러한 의미를 가진 불안은 이제 결코 결함이 아니고, 바로 인간의 독특한 장점이다. 키에르케고르는 말한다. "불안은 인간성이 완전하다는 것에 대한 하나의 표현이다."〔Ⅴ 68면〕 즉 불안을 통과할 때에만 참다운 실존이 달성될 수 있다. 앞에서 실존의 개념에 관하여 일반적으로 전개되었던 것은 아직 추상적인 고찰의 테두리를 벗어나지 못하였다. 인간은 자기의 의지로부터 실존으로 향상할 수 없다. 이러한 향상은 인간을 엄습하는 불안이 비로소 맡아하는 일이다. 불안은 마치 인간 속에 있는 모든 비본질적인 것을 태워 버리고 모든 유한한 것을 인간으로부터 분리시키는, 이리하여 고난의 과정을 통과함으로써 모든 형식화, 모든 회피 및 안전책을 부정하고, 인간을 진정한 실존이 나타날 수 있는 '불안정성'에 내던지는 불과 같다. 불안은 실제로 인간을 일체의 사물 속에서 흔들리게 하는 현기증과 같다. 그러나 이러한 흔들리는 동요 속에서 비로소 참다운 실존이 드러난다. 이리하여 키에르케고르는 다음과 같이 확언했다. "불안은 자유에서 오는 현기증이다."〔Ⅴ 57면〕 이것은 다음과 같은 것을 말하려는 것이다. 즉 글자 그대로 현기증이 있는 사람이 자신과 세계에 텅빈 공간을 보게 되고 그 까닭에 모든 안정성을 잃고 마는 것처럼 실존적으로 불안스러워하는 사람도 자신과 일상적인 삶에 관련된 세계 사이에서 그에 대응하는 어떤 공백을 느낀다. 이전에는 삶의 관련들에 의하여 그는 밑받침되어 있었다. 그러나 지금 그는 그로부터 이탈되어 있다. 지금 그는 아주 고립되어 있다. 그리고 이 마지막 고립을 이겨낼 때에 비로소 그는 그의 생생한 실존적인 자유를 발견한다. 불안 속에서 비로소 그는 자유를 얻게 된다. 그리고 그는 불안을 통과하는 이외의 다른 방법으로는 결코 자유를 얻지 못한다.

이것과 아주 비슷한 사상이 우나무노에게서도 이미 한 번 인용된 ≪돈키호테≫ 속에서 진술되어 있다.

"인간은 아무런 발판도 필요 없이 신 속에 떠 있다. 그리고 내가 노력하는 유일한 목표는 너로부터 발판을 빼앗아 버리는 것이요, 너로 하여금 너 자신 홀로 있게 하는 것이요, 너에게 용기와 네가 떠 있다는 의식을 불어넣는 것이다. 사람들은 인간들을 큰 바다의 한가운데 내던지고 그들로부터 모든 발판을 빼앗아 버리지 않으면 안 된다. 이렇게 함으로써 그들에게 인간이 될 것을, 그리고 떠 있을 것을 가르친다."〔≪돈키호테≫ II 256면〕

그리고 비슷한 의미에서 키에르케고르도 다음과 같이 말한다.

"이에 반하여 진정으로 불안스러워 하는 것을 배운 사람

은 최고의 것을 배웠다…… 그리고 그가 불안스러워 하면 할수록 인간은 더욱더 위대하다.〔Ⅴ 156면〕

"이와 반대로 불안을 느끼는 것을 배운 사람은 유한성의 불안들을 연주하기 시작하고, 유한성의 초심자들이 지력과 용기를 잃을 때엔 댄스에 있어서처럼 슬쩍 지나쳐 버릴 수 있다."〔Ⅴ 162 및 다음 면〕

이에 대응되는 의미에서 릴케는 《말테》 속에서―여기서 물론 그는 엄밀한 의미로―불안이라고 부를 수 없는 공포에 관하여 논한다.

"내가 한 소년이었기 때문에 그들은 나의 얼굴을 때렸다. 그리고 나에게 내가 비겁하다고 말하였다. 이것은 내가 아직 잘못 무서워했기 때문이었다. 그러나 그 뒤에 나는 진정한 공포로써 무서워하는 것을 배웠다. 이 공포는 그것을 산출하는 힘이 커질 때에만 커진다."〔Ⅴ 196면〕

마찬가지의 의미로서 앞에서 인용하였던 그의 시 〈위대한 밤〉 속에서 의미심장한 마지막 결론에 도달한다. "너는 나와 더불어 사귀며 나와 더불어 논다는 것을 나는 깨닫는다. 성장한 밤이여!"〔Ⅲ 407면〕 유감스럽게도 이 이상 더 일일이 언급할 수 없지만, 불안스러운 것의 절박한 체험은 이제 연회의 비유에서, 개인적으로 인간에게 의뢰되어 있으며 여기에 대하여 인간은 독특한 방법으로 회답하여야 하는 하나의 초대로서 이해된다. 그러나 릴케는 밤의 불안성을 이러한 양식으로 인식하고 의식적으로 받아들이면서 다음과 같이 읊조린다.

"너 고귀한 자여, 네가 나를 알고 있다는 것이 결코 너의 수치가 아니었다. 너의 호흡은 나의 머리 위로 스치고, 그토록 진지하게 나눠 준 너의 미소는 나의 마음속으로 스며든다."〔Ⅲ 407면〕

왜냐하면 이러한 순간의 불안은 '안전성'이라는 아주 새로운 심정으로 바뀌어지는 까닭이다. 이때의 이 안전성은 야스퍼스와 같이 '무한자 속에 있는 안주(安住)'〔Ps. 327면 이하〕라고 부르는 것이 가장 좋을 것이다. 그리고 이 표현은 여기에서 미소라는 말 속에 나타나 있다.

여기에서 불안을 약점이라고 하여, 거부할 수 있다고 믿는 비난이 얼마나 방향이 틀렸는가가 명백하게 되었다. 도리어 인간이 불안으로부터 피하여 버리고, 일상 생활의 소란스러운 분주 속으로 도피하여 들어가며, 가지가지의 오락으로 이 절박한 기분을 막아 버리려고 하는 데서 약점이 드러난다. 이와 반대로 불안을 이겨 나가는 것은 언제나 비상한 긴장을 요구한다. 그리고 이것으로 말미암아 다만 걱정이 많은 것과는 다르다. 불안은 결코 연약한 성질의 무엇이 아니다. "불안은 결코 비겁한 성질의 무엇이 아니다."〔Ⅲ 24면〕라고 키에르케고르는 말한다. 이리하여 실존철학은 오락과 취흥에 도피하는 것을 단념하도록, 그리고 '불안스러운 것을 우리에게 밝혀 주는 불안에 자신을 내맡기도록'〔Ⅲ 95면〕 요청한다.

이와 같은 점에서 불안을 참아 나가는 것은 인간에게 요구되는 최고의 실천이다. 이것을 통해서만이 실존의 본래성이 실현된다. 그러므로 '참아 나가는 것', '버티고 나가는 것', '이겨 나가는 것'들은 릴케에 있어서 그리고 바로 그가 불운하였던 연대에 있어서 인간으로부터 에게 참다운 과제를 말하는, 항상 반복되는 표현이 된다. "누가 승리를 말하는가? 버티고 나가는 것이 다야!"〔Ⅱ 343면〕 "나는 꾹 참으려고 한다."〔Ⅲ 419면〕 "해머(槌) 사이에 우리의 심장이 버티고 있다."〔Ⅲ 299면〕 이와 같이 언제나 새로운 표현으로 계속한다. 그리고 하이데거도 이러한 의미에서 '숨어 있는 불안의 토대 위에서 현존재가 무(無) 속으로 들어가 버티고 있다는 것'〔M 22면〕을 말하고 있다.

여기에서의 불안은 결코 인간을 밖에서부터 엄습하는 단순한 우연이 아니고, 현존재의 밑뿌리 속에 있는, 그리고 대개는 잠자고 있는 근원적인 불안이다. 이것은 인간 자신의 본질에 속하여 있다. 이 불안을 끝까지 참아 나가는 것은 인간에게 요구되는 최고의 긴장이 된다. 이러한 의미에서 하이데거는 어떤 '독특한 안식'을 지니고 있는 '대담한 자의 불안'〔M 16·22면〕에 관하여 말한다.

5 싫증·우울증 및 절망

실존철학에 있어서 중요한 의미를 가지는 다른 기분들,

즉 싫증·우울증·절망 등도 그것들이 적당한 형식으로 인간을 그 현존재의 일상성으로부터 실존의 본래성으로 불러내는 불안의 기능을 회복시킴으로써 실존적인 의의를 갖게 된다. 그것들에 있어서는 결국 최후적으로 통일되는 하나의 근본 기분이 가지는 여러 농담의 차이로서만 문제된다.

싫증은 무엇보다 이러한 기분들 중에서 가장 무해한 것으로 보여진다. 그러나 엄밀하게 생각하여 볼 때 여기에서도 사람들은 바로 공포와 불안 사이에 있어서와 비슷한 의미에서 싫증의 두 가지 단계를 구별하여야 한다. 그 하나는 피상적인 형태들이다. 여기에서는 어떤 일정한 것, 즉 어떤 책, 어떤 다른 사람, 혹은 어떤 일 같은 것이 인간에게 싫증을 일으킨다. 다른 하나는 보다 깊은 '진정한 싫증'이다. 이것은 인간을 이렇다 할 근거 없이 전체적으로 억누른다. 그리고 여기에서는 인간이 단순히 '스스로' 싫증을 낸다. 여기에서는 어떤 이름 지을 수 없는 공허한 심정이 인간을 엄습한다. 이 심정 속에서는 사람에게 아무것도 중한 것이 없고 사람은 아무것에도 참여할 수 없다. 이러한 상태를 하이데거는 매우 인상 깊게 다음과 같이 서술한다.

"깊고 깊은 싫증은 현존재의 심연 속에서 아무 숨소리도 없는 안개처럼 이리저리로 떠돌면서 일체의 사물 인간 및 그와 더불어 그 현존재 자신을 어떤 진기한 무관심 속으로 떠밀어 버린다."〔M 14면〕 불안의 묘사와 매우 일치하고 있다는 것이 여기에서 명백하게 나타난다. 이 무관심은 주위의 세계가 침몰하여 버리는 무관심(이것은 불안에서 체험된다)과 똑같은 것이다. 물론 싫증 속에는 불안처럼 송곳 끝으로 찌르는 듯한 성질은 없다. 그러나 역시 같은 방향으로 작용한다.

싫증에 있어서는 불안에 있어서보다 좀더 오락이나 즐거운 담화를 통하여 그것을 막아 버릴 가능성이 많다. 키에르케고르는 이러한 행동을 '윤작(輪作)'이라는 이름으로 부르고, 이것을 끊임없이 농토를 바꾸는, 그리고 이렇게 함으로써 현존재가 절박한 불안성으로부터 도피하는 '방법' 〔Ⅰ 260면〕이라고 하여 자세히 서술하였다. 그러므로 싫증은 인간의 삶 속에 호기심을 자아내는 원동력이다. 그리고 일상적으로 바삐 돌아가는 이 세상에 관하여 키에르케고르는 아주 정당하게 다음과 같이 확언한다. "태초에 싫증이 있었느니라."〔Ⅰ 255면〕 그러나 싫증이 인간을 진실로 송두리째 사로잡을 때에, 그리고 인간이 어떤 신통한 방침으로도 그것에서 도피할 수 없을 때에, 그것의 기능은 불안의 기능과 똑같다. 즉 그것은 인간으로 하여금 결단을 하도록 강요한다. 이 결단 속에서 인간은 비본래적인 현존재의 분망으로부터 벗어나서 실존의 본래성으로 마음을 정하게 된다.[3]

그러나 인간이 이러한 항상을 계속적으로 수행할 수 없고, 다시 비본래성으로 빠져 들어간다는 것을 경험할 때에 싫증은 우울증으로 변한다. 이 우울증은 특히 키에르케고르에 있어서, 주로 그의 일기들을 토대로 할 때에, 그의 현존을 밑받침하는 중추적인 기분으로서 나타난다. 우울증도 역시 마찬가지로 불안스러우며, 상대적으로 파악할 수 없는 성격을 가지고 있다. 그리고 이것으로써 일정한 근거를 가지는 모든 슬픔과 구별된다.

"슬픔과 걱정을 가지고 있는 사람은 무엇이 그에게 슬픔과 걱정을 일으켰는가를 알고 있다. 사람들이 우울한 자에게 무엇이 그를 그와 같이 우울하게 만들었는가, 무엇이 그토록 무겁게 그를 억누르고 있는가를 물어 본다면 그는 대답할 것이다. 그것은 나도 모른다, 그것을 나는 말할 수 없다 라고……."〔Ⅱ 159면〕

우울증은 불안과 싫증으로 이미 알려진 무근거성(無根據性)으로 인간을 엄습한다.

이와 같이 파악하기 어려운, 그리고 키에르케고르에 있어서 특수하게 그의 개인적인 운명과 결합되어 있는 이 기분의 독특한 본질을 일반적으로 파악하려고 할 때에, 그것은 다른 것을 잊어버리게 하는 분주의 한가운데서 인간을 엄습하여 오는, 이와 같은 행동이 무가치하다는 예감이라고 보여진다. 인간과 그를 둘러싸고 있는 세계 사이에는 어떤 고달픔과 같은 무엇이 가로놓여 있다. 우울증은 그 작용에 있어서는 하나의 강화된 싫증과 같다(그러므로 키에르케고르는 두 가지를 같은 역사상의 실례에서, 즉 병적으로 고조된 네로(Nero)의 오락 탐욕에서 설명할 수 있다). 우울증은 싫증으로부터 오락으로 도피하였음에도 불구하고, 그것은 결국 무용한 도피라고 깨닫는 숨은 의식이 남아 있을 때에 일어난다. 이와 같이 우울증에 사로잡혀 있는 사람은 그가 바라듯이 직접적인 삶에 참여할 수 없다. 그는 밀려난 것처럼 느끼고 있다. 그리고 즐거움을 잃어버린 자기의 현존재를 무거운 짐으로 느낀다. 그러므로 우울증 속에도 현존재의 깊은 곳에 숨어 있는, 그리고 오직 억지로 눌려 있는 불안이 작용하고 있다. "불안은 향락을 누리는 순간에도 물러가지 않는다."〔Ⅱ 157면〕

이리하여 우울증은 여기에서, 오늘날 여러 가지로 이해되듯이 단순히 슬픔으로 옮아가기 쉬운 어떤 기분 상태를 의미하는 것이 아니고, 엄밀하게 말하면 인간이 가지고 있는 어떤 특수한 거부 작용을 가리키는 표현이다. 키에르케고르는 우울증을 대죄(大罪, 신의 은총을 잃고 영혼의 멸망을 초래하는 죄)로 치는 과거의 교리에 찬동하면서 추억한다. 그는 우울증을 '깊이 진심으로 원치 않는 죄'〔Ⅱ 159면〕로 이해하고 있다.

그러나 우울증 속에 아직 숨어서 작용하는 불안이 완전히 발현하게 될 때에 그것은 절망으로 변한다. 항상 어떤 일정한 것에 대하여 의심하며, 사상이라는 정적인 영역 속에 머물러 있는 단순한 회의와는 반대로 이 절망은 인간을 그 인격의 가장 깊은 곳에서 뒤흔들며 송두리째 사로잡는 운동이다. 빠져나갈 길이 전혀 없는 최후적인 불안에서 나타나는 운동이다. 싫증에서 시작되어 우울증을 거쳐서 계속된 단계들은 절망에서 그들의 가장 높은 정점에 도달한다.

그러나 이 절망 속에서 동시에 근본적인 전향이 실현된다. 이것을 향하여 저 다른 기분들이 돌진하여 왔던 것이다. 절망은 결코 인간을 엄습하여 오는 하나의 기분이 아니다. 절망은 항상 어떤 고유한 기능을 전제로 한다. 인간은 오직 그가 자기의 의도로부터 절망을 바랄 때에만 절망할 수 있다. 그러므로 절망은 내면적으로 포착되고 고수된 불안이다. 그러나 인간이 자신을 기탄 없이 절망에 내맡길 때에, 비로소 그가 참다운 실존을 달성할 수 있는 '비약'이 수행된다. 이러한 의미에서 키에르케고르는 다음과 같이 말한다.

"진정으로 절망하기 위해서는 사람들은 진정으로 절망을 바라지 않으면 안 된다. 그러나 진정으로 절망하기를 바란다면, 사람들은 참으로 절망을 초월하여 있다. 사람들이 참으로 절망을 선택하였다면, 참으로 절망의 선택을 수행하였다. 즉 사람들은 자기 자신을 그의 현존재의 영원한 의의 속에서 선택하였다. 절망 속에서 비로소 인격이 안식을 얻는다. 필연적으로 그렇게 되는 것이 아니고 자유로 그렇게 된다. 그리고 자유 속에서만 절대자가 얻어진다."
〔Ⅱ 181면〕

그러므로 절망은 위기다. 이 위기를 통하여 비로소 참다운 실존으로의 길이 열리게 된다.

주

1. M. Heidegger ≪형이상학이란 무엇인가?≫(1931년), 16면. 앞으로는 'M'이라는 약칭으로 인용함.
2. M. Heidegger의 ≪칸트와 형이상학의 문제≫(1929년), 288면.
3. 마지막 절정으로 증대된 '싫증'은 또 사르트르(J.P. Sartre)가 그의 소설 ≪구토≫(La Nausée, 1938년) 속에서 섬세하고도 심각한 분석을 전개한 기분이기도 하다. 여기에서 '구토'라는 말은, 독일 말에서 아마도 미각적인 것에 더욱 밀접하게 관계하는 '구역질(Ekel)'이라는 개념이 뜻하는 것보다 훨씬 넓은 의미로서 쓰여진다. 이리하여 심심증·싫증·불안 및 절망 사이에서 묘하게 동요하고 있다. 그러므로 여기에서도 그것은 이 소설의 주인공으로 하여금 자기의 모든 현존재에 환멸을 느끼고, 참다운 실존의 경험으로 도달하지 않을 수 없게 하는 하나의 독특한 감정으로 이러한 관련은 매우 중요하다. 왜냐하면 독일의 실존철학이 키에르케고르의 '불안이라는 개념'으로부터 시작되는 것과 아주 비슷한 양식으로서, 사르트르의 ≪구토≫는 프랑스의 실존주의가 발전하게 된 출발점을 의미하는 까닭이다.

IX 죽음에 대한 문제

1 죽음에 대한 문제의 의의

인간의 현존재에 대한 실존철학적인 이해는 아주 필연적으로 죽음에 대한 문제로 옮아가지 않으면 안 되었다. 그리고 거꾸로 이 문제로부터 비로소 최후적인 확실성을 얻을 수 있었다. 어떤 일정한 상황 속에 던져져 있으며 특히 한계상황의 경험에 내맡겨져 있음으로로써 본색이 드러나는 유한성은 필연적으로 죽음도 인간의 현존재의 마지막이요, 극단적인 한계로서 뚜렷하게 드러나게끔 한다. 그리고 불안 속에서 인간은 무(無) 앞에 세워지며, 그리하여 어떤 참다운 존재 가능으로 호출됨을 느끼는데, 이러한 불안이라는 기분 상태는 자연적으로 죽음에 대한 관계 속에 있는 인간의 극단적인 불안으로 옮아가지 않으면 안 되었다. 그러므로 아주 필연적인 결과로 죽음은 실존철학에 있어서 가장 극단적인, 현존재의 날카로움을 그의 최후적인 불가피한 성격에서 결정하는 사실로서, 인간을 파악하는 규정적인 중심점으로 된다. '죽음'은 근세 철학사 속에서 거의 믿을 수 없을 정도로 무의미한 구실을 하여 왔던 것인데, 이제 실존철학에 의하여 그것은 다시 인간의 현존재 전체에 대하여 근본적인 의의를 가지는 것으로 발견되었다.

아주 일반적인 발단은 역시 이미 '실존하는 사상가'라는 개념을 통하여 마련되어 있다. 그리고 그 다음의 저서에서 키에르케고르 자신에 의하여 곧 그가 이 개념으로써 무엇을 의미하였는가가 밝혀지게 되었다. 다음으로 야스퍼스와 특히 하이데거는 그 사실의 중대성으로 말미암아 이 방향 위에서 누구보다 앞장을 섰다. 여기에서도 제멋대로 전개할 수 있는, 그러나 오직 이론적으로만 인식되는 어떤 지식으로부터 실존적인 깊은 의미로 방향을 돌리는 것이 중요하다. 키에르케고르가 표현하듯이 "인간들이 일반적으로 아는 것, 즉 내가 한 모금의 유산을 먹으면 나는 죽는다. 마찬가지로 내가 물 속으로 뛰어 들어가면, 목탄 가스 속에서 자면, 나는 죽는다 등등의 지식"〔Ⅳ 228면〕은 중요하지 않다. 요컨대 죽음을 일반적으로 외부로부터 고찰하는 것이 중요하지 않고, 오로지 개별적인 인간이 자기 자신의 죽음에 대한 관계가, 즉 절박하여 오는 그의 삶의 종말로서의 죽음이 이러한 그의 삶에 대하여 무엇을 의미하는가라는 문제가 중요하다. 뿐만 아니라 다음으로 이 문제에 대하여 객관적인 사건으로서의 죽음을 구체적으로 아는 것이 조금도 중요하지 않다는 사실을 알게 된다. "이와 같이 죽음에 관하여 거의 세상에서 볼 수 없을 정도로 알고 있음에도 불구하고, 나는 죽음을 내가 이해한 무엇으로 칠수 없다."〔Ⅳ 228면〕 이미 딜타이가 말하였던 바와 같이—

물론 실존철학적인 의미에서 이 발견의 진정한 무게가 의식됨이 없이—"생물은 죽음을 이해할 수 없고, 그것을 바라본다."〔Ⅷ 143면〕 "우리의 마음속에 있는 삶의 느낌은 죽음을 오직 외적인 사실로서 받아들일 뿐이요, 진실로서 파악할 수는 없다."〔Ⅷ 45〕라는 사실이 중요하다. 이리하여 한계상황의 일반적인 사실은 죽음의 문제 속에서 그의 극단적인 형식으로 나타난다.

이와 동시에 어떤 다른 사람의 죽음은 그것이 아무리 개별적인 인간의 삶을 뒤흔들 수 있다고 하더라도 그것도 역시 중요하지 않다. 이것은 인간의 고유한 삶이 죽음을 통하여 어떻게 위협을 받고 있는가 라는, 여기에서 의미하는 문제와는 역시 영역이 다르다. 이와 같이 특수한 의미에 있어서, 죽음은 비록 아무리 중요할지라도 인간이 자신의 밖에서부터 겪을 수 있는 개개의 경험이 아니고, 무엇보다 자기 현존재의 절박한 가능성이다. 죽음은 하이데거가 표현하듯이 '언제나 나의 것'이다. "죽는다는 것은 모든 현존재가 언제나 스스로 받아들여야 한다. 죽음은 그것이 있다고 한다면, 본질적으로 언제나 나의 것이다."〔SuZ. 240면〕 그리고 하이데거는 다른 사람을 위하여 죽음으로 들어가는 것이 결코 그 사람에게서 '죽는다는 것', 자체를 제거할 수 없음을 정당하게 지적한다.

그러나 실존철학에서는 자신의 죽음도 어느 때엔 한 번 닥쳐올 하나의 사건으로서, 즉 이제는 살아 있지 않은 존재로 옮아가는 것처럼 보여지는 존재 전향을 의미하는, 다가오고 있는 죽음으로서 문제되는 것이 아니고, 또 마찬가지로 죽음으로 인도하는 시간적으로 흐르는 사망의 경과로서 문제되는 것도 아니고, 이 사건이 지금 순간에 이미 나의 생생한 삶에 대하여 가지는 의의가 문제이며, 죽음에 관한 지식을 삶에 실천하는 활용적인 '힘'이 문제다. 이러한 의미에서 취잘츠(Cysarz)도 다음과 같이 구별한다.

"첫째로 사실로서의 죽음, 이것은 우리로서는 겪어 보지 못한다. 우리는 그것을 오직 의미상으로, 본질상으로 및 영향상으로 해석할 수 있을 뿐이다. 다음으로 확신으로서의 죽음, 이것은 전 삶에 그림자같이 따르고 있다. 그것은 삶을 두루 따라 다니며 삶 속에 배어 있다. 그것을 인간들이 느낀 대로 예술은 여러가지 형태로 구체화하였다. 그리고 셋째는 경과로서의 죽음이다. 사람들은 그것을 어느 정도로 경험한다. 즉 죽은 상태로 있다는 완결된 사실에 이르기까지 경험하는 것은 아니고, 이른바 삶의 마지막 작별 직전까지를 경험한다."[1]

이러한 의미에서 죽음은 삶에 대하여 멀고, 외적인 어떤 것이 아니고, 그것은 삶 자신을 이룩하는 하나의 요소다. 그것은 삶 속의 어디에나 배어 있다. 그리고 실존하는 사상가의 과제는 죽음을 실존적으로 체득함으로써 이 사건을 삶 자체 속에 이끌어 넣는 데 있다. 그러므로 키에르케고르는 말한다.

"내일 올지도 모를 죽음이 그토록 음험하다고 가정하면! 이미 이 불확실성은, 그것이 실존하는 사람에 의하여 이해되고 확보되어야 하며, 그리고 바로 그것이 불확실한 까닭에 사람의 온 삶 속에 끌어 넣어서 생각되어야 한다면…… 그것은 믿기 어려운 엄청난 난관을 불러일으킨다."〔Ⅵ 228 및 다음 면〕

죽음을 실존철학적으로 이해하는 것은 이 난관을 발견하는 데 달렸다. 그러나 이 난관을 철저히 생각하는 것은, 실제로 죽음을 온 삶 속에 끌어 넣어서 생각하는 것은, 죽음에 대한 관계로부터 우러나는 실존적인 기능을 일깨워 준다. "주체가 그의 죽음을 사색한다는 것은 하나의 행위이다."〔Ⅳ 231면〕 그러므로 인간의 명확하고 발전된 이 고유한 기능과 이러한 행위는 동시에 죽음을 사색함으로써 온 삶이 근본적으로 변한다는 것을 의미한다.

2 로맨티시즘적인 입장

이와 같이 죽음을 중요시하는 것이 처음 대하기에는 의아스러워진다. 그리고 가끔 오해되어 왔다. 이 오해를 피하기 위하여 우선 예비적으로 실존철학적인 견해를 이것과 사정에 따라서는 혼동될 다른 견해로부터 구별할 필요가 있다.

무엇보다 여기에서는 전형적인 방법으로 늘 반복되는,

특히 로맨티시즘에 의하여 대표되어 있는 하나의 방향에서 죽음에 몰두하는 경향을 이해하는 것이 필요하다. 즉 이 세상 삶의 괴로움으로부터 죽음에 대한 그리움, 즉 이 세상 삶의 폭풍을 겪은 나머지 저승에서 평화를 기대하는 그리움이 일게 된다. 오직 하나의 실례를 생각해 내기 위하여 여기에서 노발리스의 《밤의 송가》가 인용될 것이다. 그는 그 속에서 말한다.

"깊은 슬픔 속에 우리를 잠기게 하였던 그 무엇이 이제 감미로운 동경과 함께 우리를 이승으로부터 데려간다. 죽음 속에서 영원한 삶이 알려진다. 너는 죽음이다. 너만이 우리를 건전하게 한다."[2]

여기에서 진술된 태도의 정신사적인 전체와 윤리적인 의의를 자세히 논하려고 하지 않으나 역시 처음부터 다음과 같은 사실이 너무나 명백하다. 즉 여기에서는 전혀 삶과 다른 것이 문제이고 행위적이요, 실제적인 삶을 긍정하는 것은 이러한 견해의 토대 위에서는 불가능하다.

그러나 동시에 하나의 다른, 역시 주기적으로 반복하는 죽음의 해석이 기억된다. 그것은 가끔 죽음의 동경과 결합되어 있으나 이것 없이도 생각할 수 있다. 그리고 그것은 죽음과 삶의 관계를 서로 제약하는 양극으로서 생각한다. 그러므로 그것은 로마인의 사고에 가깝다. 바흐오펜(Bachofen)은 이것을 특히 고대 민족의 묘석상징(墓石象徵)으로부터 발전시켰던 것이다. "죽음 자체는 삶의 전제 조건이다.

그리고 양극의 영원한 교체 속에서 세대 자신이 그의 불멸성을 유지하기 위하여 삶은 다시 죽음 속으로 해소된다."[3] 여기에서 죽음은 삶의 포괄적인 전체관(全體觀) 속으로 끌려 들어가 있다. 죽음은 하나의 포괄적인 전체 생명에 의하여 포섭되어 있다. 이 전체 생명은 개별적인 생명체의 죽음을 초월해서 넘쳐 흐른다. 그러나 이 해석이 바흐오펜에 있어서 묘석세계의 연구에서 결과되었다는 것은 결코 우연한 일이 아니다. 그러므로 노발리스의 해석이 모두 자신이 책임을 짐에도 불구하고 역시 자신의 죽음에서가 아니고 근원적으로 사랑받던 다른 사람의 죽음에서 시작된 것처럼 바흐오펜에 있어서는 해석이 어떤 다른, 그러나 가까운 사람이 죽는다는 것으로부터 출발한다.

여기서는 이러한 사실들에 깊이 들어갈 수 없다. 다만 이러한 사실들을, 그들에 있어서는 실존철학과는 다른 무엇이 문제되고 있다는 것을 명백히 하기 위하여, 그리고 실존철학적인 사상이 이러한 다른 종류의 해석들과 혼동됨으로써 불명하게 되지 않도록 하기 위하여 기억해 내야만 했을 뿐이다. 실존철학으로 보면 죽음의 어떤 해석에서 나타나는 위안이 조금도 문제되지 않고, 모든 가능한 해석과 위로에 이미 앞서는 죽음 자체에 대한 직접적인 관계가 문제다. 그리고 여기에서 더 말할 것도 없이 죽음에 대한 관계로부터 나타나는 진동(震動)을 처음부터 일정한 확답을 통하여 진압하는 것이 아니고, 바로 이 진동으로부터 삶에 대한 어떤 힘이 나타나도록 하는 것이 실존철학의 일반적인 특징이다. 이러한 의미에서 실존철학은 다음과 같은 질문을 제기한다. "삶에 대한 죽음의 위협은 무엇을 의미하는가? 우선 결함으로써 나타나며, 또 그렇게 나타나지 않을 수 없는 것으로부터 삶에 대한 건설적인 의미를 어떻게 사람들은 찾아 낼 수 있는가?"

3 항변에 대한 대결

그러나 이와 같이 구별한 뒤에도 실존철학이 죽음을 너무나 존중하는 데 대한 이의가 성립될 여지가 있다. 그리고 적어도 가장 중요한 이의들이 곧 여기에서 논의되는 것이 필요하다. 이렇게 함으로써 위에서 말한 질문이 풀려야 하기 때문이다.

사람들은, 굳세고 생활력이 있는 인간들은, 그들이 그들 자신의 삶과 그 삶의 여러 가지 과제에 너무나 깊이 몰두하고 있기 때문에 죽음을 그렇게 걱정할 수 없지 않을까 하는 데 대하여 다음과 같이 물을 수 있다. 죽음에 대하여 심각하게 염려한다는 것은 이미 삶의 힘이 약해지고 지쳐 버렸다는 하나의 표지가 아닐까. 이를테면 삶이 죽음 앞에서 겁을 먹고 물러나며, 또 삶의 기초 속에서 동요가 일어나서 후퇴할 때에나, 삶이 지칠 대로 지쳐서 죽음을 그리워할 때에 가능한 두 가지 방향으로 그렇지 않을까. 그러므로 이에 대하여 사람들이 죽음에 관하여 깊이 파고 들어가는 것은 인간이 그 자신의 삶을 제멋대로 어둡게 하며, 현실적이고 생기 있는 행동을 불가능하게 하는 자기 고민의 태도에 관계된다고 말할 수 있다.

이에 대하여, 실존철학은 그의 목표와 작용에 따른다면 결코 생활 의지의 약화에 관계되는 것이 아니라고 답변할 수 있다. 실존철학에 있어서는 죽음에 대한 로맨티시즘적인 동경에 관한 논의가 있을 수 없다. 왜냐하면 실존철학은 이 사건(=죽음)을 결코 그와 같이 날카로운 어떤 냉혹한 것이라고 느낄 수 없는 까닭이다. 그러나 고민이나 위협에 관한 논의도 없다. 오직 삶 자신 속에 주어져 있는 움직일 수 없는 사실을 명백하게 들여다보자는 것이 문제다. 그러나 어쨌든 이와 같이 명백하게 하는 의도는 삶을 약하게 하는 것이 아니고, 정반대로 명백하게 함으로써 인간의 삶이 그의 최고봉으로 향상하도록 앞으로 촉진하며, 어떤 무의미한 분주 속으로 회피할 가능성을 인간으로부터 막아 버리는 데 있다. 그러므로 실존철학적인 이해는 결코 죽음의 불안에 굴복하는 것이 아니고, 바로 그것을 극복하는 것이다.

사람이 이 이의를 확장하여 죽음을 매우 존중하는 것은 오직 개별적인 인간을 너무나 중요하게 생각하는 결과가 될 것이라고 말할 수 있다. 자기 만족의 포괄적인 관련 속에 배속되어 있음을 깨닫는 사람은 이러한 깨달음을 통하여 그를 꿰뚫고, 그를 넘어서 흐르는 삶의 흐름 속에서 안전감을 느끼게 된다. 개별적인 현존재가 이러한 공동적인 유대를 잃었을 때에 비로소 그의 종말은 실존철학 속에서 보이는 바와 같은 무서운 사건이 될 것이라는 것이다.

이 이의에 대해서는 그와 같이 단말마(斷末魔)적인 죽음의 불안이 확실히 있을지도 모른다고 대답할 수 있다. 그러나 여기에서도 다시 죽음의 문제에 대한 하나의 독특한 ─이를테면 무의미함을 강조하는─해답이 문제다. 그러나 이것은 역시 여기에서 추궁되는 죽음에 대한 본질 관계와는 아무런 상관이 없다. 여기에서 특히, 마치 개별자가 공동체의 전체 속에 들어가 파묻히는 것이 고독을 지양할 수 있는 것같이 오해하는 것을 경계하지 않으면 안 된다. 이 고독 속에서 개별자는 자기의 결단을 내려야 한다. 개별자가 어쨌든 도덕적으로 가치가 있어야 한다면 모든 결심이 개별자의 고독 속에서 이루어져야 하며, 모든 헌신이 고독 속에서 수행되어야 하듯이, 공동체와 결부되어 있는 개별자의 모든 태도가 고독 속에서 비로소 그에게 '결심되어져야' 하듯이─그런 까닭에 독특한 실존철학적인 범주라고 부르듯이─죽음에 대한 관계도 그러하다. 이 죽음에 대한 관계는 다시 앞으로도 설명되듯이 근본적으로 규정하면서 인간으로 하여금 결심하도록 재촉하는 최후적인 압력으로서 모든 결심의 배후에 서 있다. 초개인적인 '삶의 흐름'은 개별자로부터 그의 결의나 일반적으로 그의 내면성의 책임을 빼앗지 못한다. 이것은 거꾸로 죽음의 의의가 이러한 고독 속에서 조금도 사회 관련의 힘에 거슬리는 것을 의미하지 않는 것과 마찬가지다.

그러나 사람들은 한 걸음 더 나아가서 도대체 죽음이 인간을 본질적으로 엄습하는지 아닌지를 물을 수 있다. 여기에서, 예로부터 사람들이 공포를 없애도록 설복하려던 논증을 반복할 수 있다. 사람들은 여기에서 죽음은 별로 고통스러운 사건도 아니요, 삶을 엄습하는 인간의 삶의 종말도 아니라는 것을 기억하게 할 수 있다. 사람들이 모든 것을 생생한 주체에 대한 관계에다 관련시키는 생철학적인 사상을 그대로 받아들일 때에, 바로 이 이의가 근사하게 된다. 즉 죽음은 그 자체가 근본적으로 체험할 수 없는데 어떻게 인간의 삶에 대하여 중대한 의의를 가질 수 있는가.

이 이의에 대해서는 실존철학적인 죽음의 문제가 무엇을 의미하는가를 아주 명백하게 밝혀 내야 한다. 다시 말하면 이 이의는 여기에서 무엇이 문제인가를 잘못 알고 있다. 인간으로부터 그가 죽는 순간에 죽음을 직시할 수 있는 부동성을 빼앗자는 것이 결코 문제가 아니며, 일반적으로 죽는 순간의 태도 자체가 문제가 아니다. 죽음을 피할 수 없다는 것에 대한 선행적인 지식이 현재의 삶 자체에 대하여 가지는 의의가 문제다. 용감하다고 기꺼이 자칭하는 이른바 죽음의 사상에 대한 무관심은 두말 할 것도 없이 뒤흔들려지지 않을 수가 없다. 왜냐하면 이 경우에는 실제로 눈앞에 있는 삶의 가장 밑바닥에 있는 것을 인위적으로 감추는 것이 오직 문제일 뿐이며, 따라서 일종의 공포가 문제인 것이다.

그런데 사람들은 여기에서도 물론 아직 이의를 반복할 수 있다. 즉 이러한 은폐는 유익한 기만이다. 그것은 인간의 우울한 사상을 물리친다. 그리고 이렇게 함으로써 얻어진 명랑성과 삶의 즐거움은 그의 창작이나 업적에 도움이 된다. 아니 모든 망아적(忘我的)인 창작에 대한 필연적인 전제 조건이 된다는 것이다.

이러한 기만은 인간으로 하여금 자기의 생생한 죽음에 대하여 아무런 준비 없이 잊은 채 남아 있게 하고, 인간을 더욱더 꼼짝 못하게 죽음의 고통으로 내맡긴 것이라고 대답할 수 있을 뿐만 아니라, 사람들이 죽음의 순간에 이르기까지 선행적으로 생각하는 이러한 문제로부터 떠난다고 하더라도, 삶 자신의 현재 이 순간으로부터 이 이의를 물리칠 수도 있다. 이 경우에 인간은 죽음을 잘 이해함으로써 최고의 업적을 나타내는가, 그렇지 않으면 이와 같은 이해가 없을 때에 그러한 업적을 나타내는가 라는 것이 문제다. 동물은 죽음의 이해 없이 살아 간다. 그리고 인간도 그가 자연적인 현존재의 테두리 속에 머물러 있는 한 이와 같이 살아 간다. 그러므로 죽음의 이해 없이도 자연적인 삶의 표현으로서 인간으로부터 자연적으로 우러나는 모든 업적들이 인간으로부터 나타난다. 그리고 이러한 고찰이 삶의 넓은 범위에 걸쳐서 그의 정당성을 가진다는 것도 부인될 수 없다. 그 업적이 어떠한 것인가도 이것으로부터 이해된다. 즉 굳센 삶을 전개하는 것으로부터 오는 기쁨에서 발생된 업적으로써 이해된다. 그러나 인간의 삶이 이 자연적인 현존재 속에서 해소되어 버릴 수 있는가 없는가, 그리고 일반적으로 인간이 그 속에서 그의 최고 가능성을 이룩할 수 있는가 없는가가 문제다.

그리고 여기에서 바로 실존철학적인 통찰이 출현한다. 즉 죽음을 통한 위협이 비로소 인간의 삶을 그의 실존의 극단적인 첨단으로 촉진할 수 있다는 것이다. 이 경우에 죽음은 어떤 일정치 않은 시점에서 한번 일어날 사건으로서 생각되는 것이 아니고, 현재의 순간 자신 속에 이미 내포되어 있는 구성적인 요소로서 이해된다. 그리고 이 내포되어 있는 양식은 지금 좀더 자세히 규정될 필요가 있다.

주

1. H. Cysarz의 불후의 저 ≪Die Gesetslichkeiten und das Gesetz der Geschichte(법칙성과 역사의 법칙)≫(1940년) 〔85면 및 다음 면〕.
2. P. kluckhohn에 의하여 출판된 Novails의 ≪저작법≫ 〔Ⅰ 62면〕, R. Unger의 ≪Herder·Novalis·Kleist(헤르더·노발리스·클라이스트)≫(1922년), W. Rehm의 ≪Der Todesgedanke in der deutschen Dichtung vom Mittelalter bis zur Romantik(중세로부터 로맨티시즘에 이르기까지의 독일 시 속에 있는 죽음의 사상)≫(1928년) 등을 참고.

3. J.J. Bachofen ≪Urreligion und antike Symbole(원시종교와 고
   대의 상징)≫ C.A. Bernoulli에 의하여 출판된 체계적으로 배열된 선
   집(1926년), 〔Ⅰ 258면〕.

X 릴케에 있어서의 죽음

1 릴케의 발전 속에서 죽음의 문제가 차지하는 위치

이와 같이 죽음에 대한 실존철학적인 관계는, 죽음이 현재의 삶 자체를 구성하는 요소로서 인식되는 순간에, 그리고 그렇게 함으로써 죽음의 의식을 삶의 형성에 유효하도록 하는 과제가 나타나는 순간에 비로소 시작된다. 여러 가지 난관과 장애를 극복할 때에 비로소 죽음의 문제 제출이 그의 진정한 날카로움으로 돌입할 수 있는데, 이러한 난관과 장애를 이해하는 데 있어서 시인 릴케가 그의 발전 과정의 여러 단계를 통하여 죽음과의 끊임없는 대결 속에서 걸어온 길이 특별히 도움이 된다. 릴케는 이 길에서 로맨티시즘에 기울고 있는 죽음의 신비주의로부터 점점 아주 냉혹한 실존적인 죽음의 문제로 도전해 갔다. 그러므로 이 길에 관한 간단한 개관을, 좀더 엄밀한 의미의 실존철학적인 해석보다 앞세우는 것이 유효하다. 이 경우에 릴케에게 있어서 죽음의 문제 속에서 함께 흐르고 있는 매우 여러 갈래의 세류(細流)들을 일일이 분석하는 것은 중요하지 않다(이것은 물론 다른 면에서부터 이미 여러 가지로 시도되어 있다). 다만 실존철학에 대하여 결정적인 사상이 형성되는 과정을 그의 가장 중요한 단계에서, 혹은 적당한 측면(왜냐하면 해석의 대립은 하나의 단순한 시간적인 방향으로 해소되어 버리지 않는 까닭)에서 더듬어 보는 것이 중요하다. 죽음에 대한 문제는 릴케의 모든 시적인 작품을 꿰뚫고 있다. 이 문제는 매우 일찍부터 그에게 나타나 있다. 이 문제의 중요한 첫 표현은 《코르네트·크리스토프·릴케의 사랑과 죽음의 태도》 속에 보인다. 그러나 여기에서는 아직 죽음은 그의 위용을 갖추고, 단순히 그리고 의심의 여지없이 눈앞에 서 있다. 삶과 죽음은 삶이 무아적(無我的)으로 높이 올라간 절정에서는 하나가 된다. 그리하여 삶은 그의 높은 절정에서 동시에 바로 죽음으로 옮아간다. 죽음 자체는 글자로써 서술되지 못하고 이를테면 공백으로 남게 된다. 죽음이라는 말조차도(칭호로서 지시하기에 이르기까지) 안절부절 못하는 두려움으로 그 위압 앞에서 꺼려진다.

삶은 여기에서는 바로 그의 절정에서 죽음과 친근하다. 그럼에도 불구하고 실존철학의 입장에서 본다면, 이러한 어떤 로맨티시즘적인 견해를 다시 받아들이는 견지에 있어서는 진정한 '죽음에 대한 존재'가 중요하기보다 '죽음의 사건'을 해석하는 것이 더욱 중요하다.

2 삶 속에 있는 죽음

그러나 그 다음의 발전에서 하나의 근본적인 전향이 죽음의 문제에 있어서 수행된다. 이것은 더욱더 이미 현존하는 '삶 속에 있는 죽음'에 대하여 깊이 대결하는 방향으로 나간다. 사람들은 여기에서 얼핏 보아서도 ≪기도서(祈禱書)≫로부터 ≪말테의 수기≫에 이르기까지의 발전 상태를 대강 요약하여 볼 수 있게 된다. 왜냐하면 이 연대에 수행된 전향은, 모든 하나 하나의 작품 속에서 기초가 되어 있는 요소들 속에서 다시 나타나게 되는 까닭이다. 이 작품들의 공통되는 근본 특징은 어떤 무아적인 접근이라는 느낌이 점점 사라져 버리고 죽음이 더욱더 삶을 무색하게 하는 어떤 잔인하고 낯선 것으로서 나타난다는 데 있다. 그러므로 흑사병의 사자인 ≪백색 여왕≫ 속에서 다음과 같이 말한다.

"아무리 죽음이 다가오고 또 물러가도, 아니 아무리 내 집 안에 있어도 우리의 죽음은 아니고, 하나의 낯선……. 죽음은 결코 신의 사자가 아니다. 낯선 죽음, 나는 말하노니 아무도 그를 모르느니라."〔Ⅰ 384〕

이것으로써 동시에 이 단계의 릴케에 있어서 특색이 있는 구분, 즉 고유한 죽음과 낯선 죽음의 구분이 표현되어 있다. 낯선 죽음이란 밖에서부터 우리의 삶으로 향하여 우연적인 무엇으로 다가오며, 삶이 완전히 성숙하기 이전에 우리를 엄습하는 죽음이다. 따라서 고유한 죽음이란 '신에 의하여 고용되어 있으며', 삶의 내재적인 필연성으로부터 오는 죽음이다. 이리하여 낯선 죽음을 정신적으로 깊이 동화하여 아주 고유한 죽음으로 변화시킬 과제가 나타난다.

그러나 이러한 사상과 아울러 밀접하게 또 어떤 다른 하나의 방향이 흐르고 있다. 이 방향은 그의 독특한 양식으로 릴케의 뒤에 오는 발전을 예시한다. 이 방향은 삶과 죽음의 대립을 어떤 높은 통일 속에 지양하려는 로맨티시즘적인 '삶과 죽음의 신비주의'로 통한다. 여기에서 곧 ≪비가(悲歌)≫의 끝 귀절이 머리에 떠오를 것이다.

"사람들은 너무나 구별이 심하기에 너나 할 것 없이 잘못을 저지른다. 들리노니, 천사는 그가 죽는지 사는지를 모르기가 일쑤라고."〔Ⅲ 263〕

여기에서 이 세상의 삶을 저 세상의 삶과 아주 하나의 통일로 융합하는 것이 문제라고 하면, 이 이전의 단계에 의미한 죽음이라는 개념을 넓혀서 그것이 삶 자체 속에 함께 받아들여질 수 있도록 하는 것이 문제다. 이러한 의미에서 ≪백색 여왕≫ 속에서 다음과 같이 말한다. 이것은 ≪기도서≫ 속에도 여전히 엿보인다.

"깨달아라, 그러면 죽음은 삶 속에 있느니라. 둘은 서로 뒤섞여서 흐른다. 하나의 양탄자 속에서 실오리가 가로 세로 달리듯이……. 누가 죽을 때에 그것만이 죽음은 아니다. 그가 결코 죽을 수 없는 순간에도 죽음은 있다. 몇 번

이고 죽음은 있다. 사람들은 그것을 묻어 버릴 수 없다. 우리 속에는 날마다 죽음과 출생이 있다."〔Ⅰ 394〕

여기에서 '삶 속에 있는 죽음'이라는 결정적인 말이 진술되어 있는데, 이것으로써 이 이전의 해석에 비하여 본질적인 전진이 이루어져 있다. 즉 죽음은 어떤 최후적인, 아주 체험될 수 없는 사건으로 생각하는 것이 아니고, 이 현재의 삶 자신의 요소로서 생각하고 있다.

그러나 지금 이 요소는 다음의 ≪말테≫로부터 더욱 강하게 나타나는, 그리고 실존철학과 서로 통하는 유일한 의미에서, 즉 앞으로 다가올 실제의 죽음에 대한 관계가 이미 현재의 삶 속에 받아들여져야 한다는 의미에서, 따라서 '삶 속에 있는 죽음'이 엄밀히 말하면 이미 앞으로 올 죽음을 느끼는 생생한 의식을 뜻한다는 의미에서, 이해되지 못하고 아직 어떤 다른 의미에서 이해되고 있다. 즉 삶 속의 어느 곳에나 이미 어떤 넓은, 비유적인 의미에서 죽음이라고도 불릴 수 있는 무엇이 일어난다는 의미에서, 따라서 삶은 어떤 계속적인 사멸과 재생 속에서 성립되며, 이러한 양식으로 삶과 죽음은 하나의 양탄자 속에 있는 실오리처럼 서로 얽혀져 나간다는 의미에서 이해되고 있다.

3 큰 죽음과 작은 죽음

그러나 로맨티시즘적인 생철학의 정신에 의한 이 해석과

아울러 하나의 다른 해석이 따라 다닌다. 이 해석을 통하여 '삶 속에 있는 죽음'이 지배적인, 요청되는 과제이다. 이 새로운 해석은 이미 간단히 언급한 '낯선 죽음'과 '고유한 죽음'과의 구별 속에 표현되어 있다. 두 가지의 근본적인 가능성으로 분리시킴으로써 비로소 죽음에 대한 관계가, 인간이 실현할 수 있거나 혹은 단념할 수 있는 인간의 과제가 된다.

'작은 죽음'이란 뜻밖에 인간을 엄습하는 죽음이며, 인격적인 자각이 없는 '사람들'의 세계인 군중 현존재에 있어서의 사망이다. 그러므로 《기도서》에서, 고통과 비참이 따르는 큰 도시 속에 있는 타락된 삶과 양로원 속에 있는 '사망'에 관하여 다음과 같이 말한다. "거리에는…… 작은 죽음이 있다. 사람들이 그것을 거기에서 목격하듯이."〔Ⅱ 273〕 그러나 이 사상은 특히 다음의 《말테》 속에서 깊은 감동을 주면서 완전히 전개된다.

"지금 569대의 침대 속에서 사망하고 있다. 두말 할 것도 없이 대량 생산이다. 이 어마어마한 생산에 있어서는 개별적인 죽음은 그렇게 잘 수행되어 있지 못하다. 또 그것이 중요하지도 않다. 군중이 그것을 수행한다. 오늘날 아직 잘 성취된 죽음을 다소라도 중하게 여기는 사람은 그 누구인가. 고유한 죽음을 가지겠다는 희망은 점점 줄어가고 있다. 잠깐 덧붙여 말한다면 그러한 죽음은 고유한 삶과 똑같이 줄어간다. 신 및 일체의 것이 현존한다. 사람들이 출생한다. 사람들은 하나의 삶이 마련되어 있음을 발견한다. 사람들은 오직 그것을 가꾸어 나가야만 한다. 사람들은 출생하는 것과 꼭 마찬가지로 죽는다. 사람들은 사람들이 가지고 있는 질병에 속하여 있는 죽음을 죽는다(왜냐하면 사람들이 모든 질병을 알게 된 이후로, 사람들은 여러 가지 치명적인 종말이 질병에 속하여 있고, 인간에게 속하지 않는다는 것도 알고 있다. 이를테면 환자는 아무것도 할 것이 없다)."〔V 13면〕

여기에서 매우 자세하게 인용되었는데, 그것은 실존철학과 공통되는 근본 경험을 특별히 순수하게 드러내고 있는 까닭이다. 즉 내면적으로 인도되는 특수적인 삶을 중성적인 군중 현존재라는 사람들 속에서 균일화시키는 것을 밝혀 내고 있는 까닭이다. 이 군중 현존재 속에서는 삶은 오직 외적으로 주워 모은 형식 속에서 수행되며, 죽음조차도 참다운 자기 존재를 각성시키고 경고하는 것으로서 나타나는 것이 아니고, 외적으로 엄습되는 형식으로서 일어나는 종말로 되어 버린다. 릴케는 매우 적절하게 현대 공업적인 대량 생산으로부터 따온 표현들을 채택한다. 이것으로써 인격적인 자각이 없는 그의 삶과 죽음에 대한 인간의 관계도 표현하려고 한다.

이러한 타락에 대하여 《기도서》의 부르짖음은 반기를 들고 일어난다. "오오 주여, 각자에게 그의 고유한 죽음을 주소서."〔II 273〕 다시 말하면 개별적인 인간의 특수한 삶에서부터 결과되는 죽음을 주라는 것이다. 그리고 이러한 관계에서 다음으로 인간이 자기의 고유한 죽음에 대하여 가져야 할 과제의 의식이 일어난다. 즉 그의 가장 고유한 기능으로서의 이러한 죽음을 실현하고 형성하며, 앞에서 인용된 명제 속에서 말하였듯이 그 죽음을 잘 성취하는 과제의 의식이 일어난다. '큰 죽음'을 얻으려는 이러한 노력에서 비로소 인간은 비본래성으로부터 자기 실존의 본래성으로 향상한다.

4 공포로서의 죽음

인간에 의하여 엄숙한 긴장 속에서 수행되어야 할 과제로서의 이러한 죽음 대신 릴케가 그의 발전의 이 단계에서 행한 죽음의 해석 속에서 독특한 의미를 가지는 특수한 모습이 또 하나 나타나게 된다. 즉 인간에 의하여 성숙되어야 할 내면적인 과실로서의 죽음이 나타난다. 그러므로 '작은 죽음'에 관하여 이와 같이 말한다.

"우리의 것이 아닌 죽음, 우리는 아직 아무것도 성숙시키지 못하고 있는데, 우리를 빼앗아 가는 죽음."〔Ⅱ 274〕

비본래성 속에서 죽어가는 사람들에게, 그들에 의해서는 실현되지 못하는 그들의 참다운 과제가 제시된다.

"그들의 고유한 것(죽음)은 푸르른 채, 아직 채 익지 못한 과실처럼 감미 없이 달려 있다."〔Ⅱ 273〕

그리고 다음으로 이에 대하여 실제로 성취되는 큰 죽음이 맞서게 된다.

'각자가 자신 속에 가지고 있는 큰 죽음, 이것은 모든 것의 중심으로 되는 과실이다.'〔Ⅱ 273〕

다음으로 이 똑같은 사상의 다른 유일한 표현은 인간에 의하여 출산하여야 할 아이로서의 죽음이라는 표현이다. 즉 인간이 그의 삶에서 이룩하여야 할 가장 고유하고 내면적인 기능으로서의 죽음이라는 모습이다. 그러므로 ≪말테≫ 속에서 아이와 죽음은 여자의 '두 과실'이라고 불리어진다. 이리하여 릴케는 ≪죽음의 출산자≫〔Ⅱ 277〕로서의 인간에 관하여 논의한다. 그리고 이러한 죽음의 모습에 있어서, 인간이 이러한 그의 과제 앞에서 회피하는 태도를 가지는 데 대하여 다음과 같이 적절하게 말한다.

"그리고 출산대(出産臺)가 마련되자마자 우리는 우리 죽음의 죽은 아이를 낳는다."〔Ⅱ 275〕

이 두 모습〔=과실과 아이〕 속에서, 지금 '고유한 죽음'의 해석을 위하여 사용된 유기적인 성장이라는 비유가 공통된다. 즉 우리의 삶 속에 새싹처럼 포함되어 있으며, 우리들에 의하여 우리 삶 속에서 가꾸어져야 할 어떤 무엇으로서의 죽음을 해석하기 위하여 사용된 비유가 꼭 들어맞는다.

이리하여 ≪말테≫ 속에서 시종의 죽음에 관하여 매우 심각하게 말한다.

“그것은 시종이 그의 일생을 통하여 자신 속에 걸머지고 있었으며, 자신으로 길렀던 악질적인 군주의 죽음이었다……. 시종 브리게(Brigge)가 자기의 죽음을 자기 대신으로 죽을 것을 요구한 사람을 노려 보았던 것처럼. 그는 그의 괴로운 죽음을 죽었다. 그들은 내가 보고 들었던 다른 사람들을 생각해 낼 때에 그것은 언제나 마찬가지다. 그리고 모두 자기 고유한 죽음을 가졌던 것이다. 자기 집 안에서 갑주(甲胄)를 입고 죄수와도 같은 부자유스러운 죽음을 하였던 이 가신들…….”〔V 21 및 다음 면〕

큰 죽음과 작은 죽음은 ≪말테≫의 전권을 통하여 언제나 새로운 면으로 논의되며 죽음에 관한 언제나 새로운 서술에서 시험되는 주제를 이루고 있다. 이제는 차츰 식물적인 죽음의 ‘성숙’에 관한 사상과 아울러 능동적으로 형성하는 ‘활동’에 관한 사상이 더욱 강하게 나타날 뿐이다. 이것은 이미 잘 ‘성취된 죽음’에 관하여 인용되었던 곳에서 표현된 것이다. 혹은 ≪진혼제(鎮魂祭)≫ 속에 표현되어 있다. 이것은 다음과 같다.

“어떤 죽음은 좋은 활동에 의하여 깊이 형성되어 있다. 저 고유한 죽음, 그것은 우리에게 매우 필요하다. 우리가 그 죽음을 위하여 살아야 하는 까닭에…….”〔Ⅱ 341〕

5 말년의 릴케에게 일어난 변화

그럼에도 불구하고 릴케는 이러한 길을 더 계속 가지 않았다. 아무리 이 사상들이 사색되었고, 아무리 깊이 삶의 경험들이 그 속에 표현되었다고 하더라도 결국 가꾸어야 할 과실로서의 죽음은 죽음의 철저한 압력과 불안성으로부터의 도피이며, 이미 로맨티시즘 속에서도 가끔 음미되었던 관념들로 다시 접근하였다. 여기에서도 아직 하나의 사건―이것을 형성하여 나가는 것이 무엇보다 중요하고, 인간의 삶은 최후적인 한계로서의 이 사건을 향하여 줄달음치고, 이리하여 인간의 삶이 이 마지막 완성을 꾀할 수 있는 일회적인 사건으로서의―죽음의 해석이 문제다. 이 견해에 있어서는 죽음 속에서 비로소 인간의 삶의 의미가 충실해지며, 이 속에서 비로소 삶이 완성될 수 있다. 하이데거는 단연코 이러한 사상과 대결하였다. 그러므로 곧 다시 한번 이것을 문제삼게 된 것이다. 그러나 이미 이러한 견해에서는, 지금 이 순간에 현존재를 완성하는 가능성이 배제되어 있다는 것이 쉽사리 인식되어진다. 여기에서는 아직 죽음의 의식이 현재의 삶을 형성하는 데 끼치는 반작용적인 힘이 조금도 문제시되지 않는다. 그러므로 이 해석도 결국 죽음을 어떤 일회적인 사건으로 간주하는 하나의 견해로 되어 버렸다. 그리하여 다시 인간으로 하여금 각 순간에 성취하여야 할 그의 삶의 과제를 등한히하게 한다.

릴케의 말년의 발전 속에서 결국 그는 아직 감싸여 있는 이러한 유기적인 해석으로부터 멀어진다. 여기에서 비로소 죽음이 그의 아주 날카로운 성격으로부터 드러나게 된다. 즉 인간의 삶과 삶 속에 있는 모든 가능한 의미 형성을 부단히 위협하는 성격에서 드러난다. 이제 비로소 '삶 속에 있는 죽음'이 그의 세번째이자 마지막 의미를 얻게 된다. 즉 종래와 같이 각 순간에 꺼져가는 본래성이라는 의미도 아니요, 또 삶 속에서 끊임없이 형성되어 성장될 사건이라는 의미도 아니고, 어느 순간에나 들이닥칠 수 있는 죽음의 가능성으로부터 인간의 삶에 가해지는 중압으로서의 의미를 얻게 된다. 바로 죽음은 어느 순간에라도 올 수 있다는 사실의 유기적인 해석을 간과한 것이다. 유기적으로 성숙한다는 관념을 거부할 때에 비로소 참다운 실존적인 죽음의 이해로 전향하게 된다. 이러한 죽음의 이해는 그 뒤에 ≪비가≫나 특히 ≪소네트≫의 14행시 속에서 표현되었다. 이 ≪소네트≫ 속에서 시인 오르페우스(Orpheus)는 오직 예술가적인 현존재의 상징이 될 뿐만 아니라 동시에 더욱 깊이 인간의 삶을 일반적으로 상징한다. 그리고 여기에서는 인간의 현존재가, 찬양하며 찬미하면서 수행되어야 할 '초출(超出)능력'으로서 파악된다. 이미 앞에서 언급한 바 있는, 세계 및 자신에 대한 인간의 관련 속에 있는 이 초출능력의 의미가 지금 죽음에 대한 관계 속에서 비로소 최종적으로 명시된다.

바로 릴케가 말년에 도달한 죽음의 해석 속에는 매우 여러 가지 경향들이 뒤섞이어 흐르고 있다. 이들 중에서 오직 한 부분만이 실존철학과의 비교를 위하여 고찰될 것이다. 여기에서 무엇보다 먼저, 다음의 두 가지 해석을 구별해 보아야 한다. 그 하나는 죽음으로써 달성된 현존재의 상태와 이것이 그의 세계상(世界像)의 온갖 관련 속에서 차지하는 의의를 형이상학적으로 해석하는 것이요, 다른 하나는 삶 자신 속에 있는 죽음의 지위와 따라서 성숙된 실존생활에 있어서 각 순간에 수행되어야 할 운동으로서의 죽음을 해석하는 것이다. 여기서는 처음의 방향과는 다른 방향으로 눈을 돌리지 않으면 안 된다. 왜냐하면 이 방향은 실존철학의 경향과는 아주 다른 경향, 즉 그의 세계상의 신비적이며 자연철학적인 측면으로 흐르고 있는 까닭이다. 그러나 다음의 방향에서 지배되고 있는 경향들도 여기에서는 매우 신중한 태도로써 해명되어야 할 것이다. 릴케는 항상 하나 하나의 개별적인 측면으로부터, 그리고 또 언제나 암시적인 비유로써 표현하였는데 이러한 릴케의 표현들은 대부분이 일정한 개념적인 표현을 거의 불가능케 하는 까닭이다.

여기에서는(이것은 그리스의 시인 오르페우스를 묘사한 것 속에 있는 것이지만), 독특한 존재 양식을 가지고 있는 것은 절대로 없다. 현존재의 행복한 순간이나 달성된 최고의 상태는 어느 것이나 다 어쩔 수 없이 다시 허물어져 버린다. 어느 면으로 본다면 이것은 확실히 자연적인 삶의 영역에도 해당된다. 거기에서는 끊임없이 생성과 소멸이 일어나고 있으며, 거기에는 결코 고정적인 존재란 있을 수 없고 오직 항상 새로 되풀이되는 형성 과정 속에 부단의 유전(流轉)과 변화만이 있다. 이것은 생철학적인 해석의 영역이다. 릴케의 발전 속에 있는 이러한 영역에 대하여 사람들은 ≪백색 여왕≫에서부터 이미 인용된 곳을 증거로 삼을 수 있을 것이다. 그러나 무상이라는 개념은, 그것이 모든 삶의 일반적인 규정으로서가 아니라, 인간적인 현존재의 고유한 성격을 나타내는 독특한 특징으로서 파악될 때에 비로소 실존적인 깊은 의미를 가진다. 한 걸음 더 나아가서 인간적인 현존재의 고상한 상태가 매우 부서지기 쉽다는 사실이 파멸적일 뿐만 아니라 지속을 바라는 의지 자체가 파멸적이다.

"정지되어 있는 것은 이미 사멸된 것이다."〔Ⅲ 354〕 참다운 실존은 지속을 바라는 의지를 단념할 때에만 달성될 수 있다.

이리하여 릴케가 인간적인 현존재를 이해하려는 다음과 같은 과제, 즉 참다운 실존의 가냘픔을 아주 자각적으로 받아들이고 이것을 견뎌 나가는 과제가 생기게 된다. 이리하여 무엇보다, 인간이 그 존재의 달성된 상태를 모두 다시 상실하게 되는 변천이라는 현상을 긍정하게 된다. "변화를 원하여라!"〔Ⅲ 354〕 "변천 속에 몸을 던지고 그 속에

잠겨라!"〔Ⅲ 374〕

어쨌든 아직도 생철학적으로 이해될 듯한 이 사상은, 여기에서 말하는 변천이 어떻게 보다 더 구체적으로 규정되는가 하는 그 방법과 양식에 의해서 비로소 그의 실존적인 의의를 가지게 된다. 모든 변천은 일종의 소멸이다. 한 상태로부터 어떤 동등한 다른 상태로의 변동뿐만 아니라, 성숙된 현존재로의 향상도 필연적으로 자연적인 삶의 영역 속에 있는 미숙한 성격의 감소를 의미한다. 그러므로 변천은 동시에 어떤 안이한 상태에 있는 현존재의 한계를 뛰어넘는 일종의 '초출(Überschreiten)'이다.

그러나 자연적인 삶에서 본다면 존재의 감소로서, 그러므로 또 절대적인 악으로 보지 않을 수 없는 바로 이 초출이 릴케에 있어서 인간의 진정한 과제로서 증명된다. 릴케의 의도는 '초출'이라고 하는 이 과정을 올바른 방법으로 수행하는 데 있다. "그는 초출하면서 순종한다."〔Ⅲ 317〕

이 '초출'을 통하여 릴케는 실존철학에서 '초월(Trans-zendieren)'로서 표현되는 인간의 규정과 본질적으로 서로 가까워진다. 이 초출은 단순히 안식을 얻기 위하여 현세적인 상태로부터 사후의 상태로의 일회적인 추이(推移)를 의미하는 것은 아니다. 만일 그렇게 이해한다면 초출을 바란다는 것은 인간이 그 자신의 사멸을 원하여야 한다는 것을 의미하게 될 것이다. 그런 것이 아니라 이 초출은, 순간 순간에 새로이 수행될 초출 속에 바로 인간의 참다운 존재가 가로놓여 있다는 의미에서 비로소 초출의 완전한 실존철학적인 깊이를 가진다.

이와 같이 초출은 단순히 죽음에 있어서의 사멸에 그치는 것이 아니라, 사멸의 모든 안이한 영역들을 초월한다. 결국 이렇게 될 때에 죽음 속에서 최후적으로 일어나는 것이, 원칙적으로 같은 방법으로 진정한 실존의 각 순간마다 일어나는 것을 가장 순수하게 구현하게 된다. 이러한 의미에서 릴케에 있어서는 오르페우스의 죽음이 인간적인 삶의 상징이다.

XI 죽음에 대한 실존적인 관계

1 실존적인 죽음의 문제

비록 릴케에 있어서의 죽음의 해석이 직접 실존철학의 그것과 서로 일치하지 않는다고 하더라도, 그 해석이 그처럼 매우 깊이 들어갔으므로 그 결과로 이제는 실존철학적인 견해에 대한 이해가, 이 외형상의 탈선을 통하여 매우 증진되어 있다. 실존철학에 있어서는 릴케에 있어서도 그러하였듯이, 죽음을 인간의 삶을 형성하고 있는 구성 요소로서 이해하려는 것이 무엇보다 문제다. 그러나 이러한 노력을 명확하게 파악하기 위해서, 우리는 먼저—특히 하이데거에 의하여 방법적으로 완성된—다음의 물음을 내걸지 않으면 안 된다. 즉 도대체 어떠한 양식으로 죽음이 인간의 삶에 속하여 있는가.

우선 가장 명백한 견해는 이 '속하여' 있다는 의미를 오직 어떤 외적인 종말이라는 의미로서만 생각하는 것같이 보인다는 점이다. 그리고 특히 생철학의 입장은 필연적으로 삶에 대한 죽음의 중요성을 거부하는 경향으로 나아갈 것같이 보인다. 우리는 죽음을 체험할 수 없다. 그러므로 죽음은 결국 체험에 의하여 우리에게 접근될 수 있는 현실계의 어떤 요소일 수는 없다. 그것은 우리가 어쨌든 살아 있는 동안에는 우리에게 어떠한 관계도 가질 수 없는 절대적인 종말이며, 그것이 다다를 때에는 이미 우리는 어떤 것도 체험할 수 없게 되는 절대적인 종말이다.

그러나 자명한 것으로 보이는 이 견해의 근거에는, 엄밀하게 살피면 허용될 수 없는 어떤 일정한 전제가 이미 가로놓여 있다. 그것은 삶이란, 어느 시기에 한번 가위가 나타나서 잘라 버릴 때까지는 어느 순간이나 그 자신으로 자족하는, 한 올의 긴 실과 같이 이어 나간다는 생각이다. 그러므로 죽음은, 어딘가 밖으로부터 삶으로 들어오게 되는, 그리고 삶의 깊은 본질 규정에 참여하지 않는 어떤 외적인 종말이라고 보여진다. 또 삶은 이 견해에 의하면 죽음을 함께 참작하지 않아도, 아니 한 걸음 나아가서 죽음을 조금도 고려하지 않더라도 그 자체로부터 충분히 파악될 수 있을 것이다.

따라서 이러한 견해는 시간을, 흐르고 있는 일차원적(一次元的)인 계기(繼起)라고 보는 그 해석을 기초로 하고 있다. 그러나 이러한 견해는 순수하게 체험된 시간을 엄밀히 탐구하려는 노력에 있어서는 무의미한 것으로 되어 버린다. 즉 순수하게 체험된 시간은 단순히 그와 같이 일원적으로 흐르는 계기로써 규정될 수 없으며, 또 따라서 인간의 삶은 오직 넓이 없는 단면 속에만 있는 것은 아니다. 우리가 어느 일정한 순간에 인간의 삶을 형성하고 있는 것

(앞으로 시간성을 분석할 때에 더욱 자세히 설명될 문제) 을 깊이 살펴볼 때에, 거기에는 이미 미래의 여러 요소가 이 현재라는 한 순간의 계기로서 함께 내포되어 있다. 여러 가지 희망과 걱정 속에서, 여러 가지 계획과 구상 속에서, 혹은 다만 기대를 가짐으로써 삶은 이미 현재의 순간을 뛰어 넘고 있다. 이 모든 것이 현재를 이룩하는 분리할 수 없는 요소다. 아니 사실은 미래에 대한 관련에서부터 비로소 현재의 삶이 방향과 통찰을 얻으며, 이리하여 그것이 없이는 현재의 삶은 아주 성립할 수도 없다. 그러나 이와 같이 현재가 미래와의 관련에서부터 비로소 자기 자신을 형성한다고 하면, 이러한 미래와의 관련들 중에서 최후적인 것으로서의 죽음도 역시 현재의 삶 속에 함께 참여되어 있지 않으면 안 된다. 적어도 삶이 지금 이미 죽음과 관련되어 있고 그것을 두려워하고, 혹은 적어도 그것을 예기하고 있는 이상 그러하지 않으면 안 된다.

그러나 이 사상은 아직도 그렇게 확신할 수 없다. 사람들은 생철학의 입장에서부터 이 사상에 대하여, 현재의 순간을 이룩하는 요소로서는 이 현재의 순간 속에서 가끔 체험상으로 주어져 있는 것만이 될 수 있다고 반대할 수 있다. 그러나 죽음에 대한 이와 같은 체험된 관련은, 결코 본질적으로 삶에 속하여 있지는 않을 것이다. 물론 이러한 관련이 있을 수는 있다. 그러나 갖추어져 있지 않을 수도 있다. 아니 한 걸음 나아가서 대개의 경우에는 사실상 갖추어져 있지 못할 것이다. 그러므로 죽음 속에서 문제되는 것은 미래에 대한 관계의 어떤 일반적인 내용이 아니고 특수한 내용이다. 이 특수한 내용 자체는 이러한 미래에 대한 관계의 일반적인 구조에 관하여 어떤 본질적인 것을 나타내는 데에는 적합하지 못할 것이다. 우리는 특히 다음과 같은 사실을 덧붙여 말할 수 있다. 즉 자연적인 삶의 상태에 있어서는 미래와의 관련들이 현재와 가까운 미래를 넘어서 뚜렷한 한계 없이 아득한 미래 속에서 사라져 버린다. 따라서 삶을 그 자신으로부터 아주 내재적으로 해석하려는 입장에서 보면 삶을 좌절적인 것이라고 생각할 필연성은 없게 된다. 내재적으로 체험된 삶에 있어서는 죽음은 어떤 외적이며 우연적인 사건으로서 나타날 것이다. 그리고 대개의 경우에 인간은 그의 광범한 계획과 희망들 속에서 갑자기 죽음을 통하여 좌절할 것이다. 그러므로 만일 미래에 대한 관계가 삶의 내재적인 구조로써 이해된다면, 죽음은 이 내재적으로 체험된 미래에 대한 관계 속에는 아마 포함되어 있지 않을 것이다.

우리는 다시 다음과 같이 덧붙여 말할 수 있다. 즉 인간은 결국, 그가 죽음의 생각으로, 다시 말하면 적어도 뜻밖에 그를 엄습하여 오는 죽음의 생각으로 불안을 느끼지 않을 때에만, 미래에까지 미칠 원대한 활동을 할 수 있는 마음의 안정을 가질 것이다. 좌절할 가능성을 어느 순간에나 걱정하는 사람은 오랜 시일을 요구하는 어떤 사업을 실제로 시작할 힘조차 가지지 못할 것이며 또 그것을 끊임없이 계속하는 데 필요한 안정을 가지지 못할 것이다.

이러한 사상이 죽음의 정당성을 가진다는 것을 실존철학도 아주 부인할 수는 없을 것이다. 실존철학은 자연적이며 생철학적인 입장에 서 있는 삶의 분석을 구성하는 요소로서의 이러한 사상을 시인하지 않을 수 없을 것이다. 그러나 이와 동시에 실존철학은 이미 실존개념이 삶의 개념에 대립할 때에 언제나 사용되었던 방법으로 다음과 같이 덧붙여 말할 수 있을 것이다. 즉 "생철학의 분석은 완전한 것이 아니며, 바로 인간적인 삶의 결정적인 핵심을 놓쳐 버리고 있다."라고……. 이리하여 실존철학의 주장은 다음과 같다. 즉 죽음에 대한 관계는 반드시 현실적인 모든 의식의 필연적인 요소라는 것은 아니고, 다만 참다운 실존에 도달하는 데 필연적인 조건이 된다는 것이다. 죽음을 깨달음으로써 비로소 인간의 삶은 그 진정한 실존의 높이로까지 향상하게 된다. 최후적이며 넘을 수 없는 가능성으로서의 죽음에 대한 관계를 통하여 비로소 인간에게 있는 나머지의 모든 미래와의 관련들도 그들의 적당한 위치를 얻게 된다. 이러한 사상은 특히 하이데거에 의하여 명확하게 해명되어졌다. 이리하여 죽음은 최후적이며 무조건적인 한계상황이다.

이와 같은 실존철학적인 죽음의 이해를 그의 진정한 의의대로 파악하기 위하여 우리는 편의상 그것을 세 단계로 나누어 보기로 한다. 그리고 이렇게 함에 있어서 우리는 "우리는 우리가 죽어야 한다는 것을 안다. 그러나 우리는 언제 죽음이 있을지 모른다.(mors certa, hora incerta)" 라는 옛 사람의 말을 발판으로 삼으려고 한다.

2 삶의 유한성

처음의 부분인 "우리는 죽어야 한다는 것을 안다."라는 말의 의미에 있어서 우선 문제되는 것은, 인간은 일반적으로 그의 삶이 유한함을 깨닫고 있다는 사실이다. 인간은 물론 그의 삶이 마치 끝없이 계속되기라도 하는 듯이 생각 없이 되는 대로 살기에 이와 같은 깨달음으로부터 지나쳐 버리면서 다시 멀어질 가능성을 가지고 있다. 어느 일정한 연령에 이르기까지는 이러한 태도가(이 예비적인 고찰의 범위 안에서는) 일종의 의미까지도 가질지 모른다. 왜냐하면 이 연령에 있어서는 삶은 보통의 사정이라면 아직도 끝없이 길기 때문이다. 그러나 사람이 이러한 젊은 시절을 지냈을 때에는 아직 삶의 유한성은, 그가 이제는 어떤 제한된 기간을 여생으로 가져야 한다는 것을 알린다. 그리고 물론 이 기간은 오늘이나, 근일(近日)의 삶의 기간이 그러하듯이 확실히 본질적인 의의를 가진다. 오직 유한성의 이러한 압박 밑에서만 인간의 진정한 노력이 나타난다.

만일 인간이 끝없이 긴 시간을 누릴 수 있다면 언제나

내일은 오늘과 똑같을 것이다. 그리고 그는 심심풀이 이외에 노력할 이유를 조금도 가지지 않을 것이다. 유한성의 압박을 통하여 비로소 삶 속에 긴장이 생기게 된다. 이 긴장이 인간으로 하여금 정신을 차리게 하며 삶의 시간을 이용하게 한다. 유한성의 압박 밑에서 비로소 앞으로 자유롭게 누릴 수 있는 시간 내에 최대의 업적을 이룩하려는 과제가 생기게 된다. 그러므로 삶의 행위를 위한 모든 책임 있는 계획들은 언제나 제한된 시간을 고려하는 데서 유래되며, 동시에 죽음에 의한 위협에서 유래된다. 죽음의 위협을 통하여 비로소 인간은, 다른 일을 성취하기 위하여 어떤 일을 제쳐놓으며, 본질적인 것을 본질적이 아닌 것으로부터 구별하도록 강요된다. 시간이 유한함과 다시 돌아오지 않음을 깨닫게 됨으로써 비로소 인간은 자기 본질의 진정한 유한성으로 돌아가지 않을 수 없게 된다.

3　죽는 시기의 불확정성

그러나 이것은 오직 한 측면일 뿐이다. 그리고 생철학의 입장으로도 역시 같은 결과에 도달할 수 있을 것이다. 그러나 이제는 "언제 죽음이 있을지 우리는 모른다(hora incerta)"라는 측면, 다시 말하면 죽음은 예고 없이 어느 순간에도 들이닥칠 수 있다는 두번째 측면이 등장한다. 인간이 아직 어떤 삶의 계획을 세우고 실현하려고 하는 한, 그는 아직도(비록 아직 명백히 평가되어 있지 않기는 하지만) 정상적이며 예측할 수 있는 일정한 삶의 시기를 전제하고 있다. 이 단계에서만 인간은 일반적으로, 어떤 일정한 과제를 완성시키는 데 삶을 바칠 것을 결심할 수 있다. 그러나 지금 다시 훨씬 더 절실한 새로운 중압이 덮치게 된다. 즉 인간에게는 이와 같은 어떤 예측할 수 있는 시간이 보장되어 있지 않으며, 그에게는 어느 순간이나 종말이 닥쳐올 수 있고, 따라서 삶의 행위를 위한 모든 계획은 수포로 돌아가는 것이다. 이제 다시금 묻지 않을 수 없다. 즉 "언제 죽음이 있을지 우리는 모른다."라는 말에서 나오는 결론은 무엇인가. 죽음은 어느 순간에나 올 수 있다는 사실이 어느 정도로 현실적인 삶의 구조를 규정할 수 있는가.

이에 대하여 가능한 오직 하나의 대답은 삶은 어느 순간에나 단절될 수 있다는, 즉 그것은 갑자기 들이닥치는 죽음을 통하여 무의미하게 된다는 점을 염두에 두고 삶을 마련하라는 것이다. 그러나 이것은, 사람이 자기 삶의 목적을 어떤 막연한 미래로 미루거나, 또는 이 미래의 도달에 그것을 의존시켜서는 안 된다는 것을 의미한다. 다시 말하면 인간이 그가 달성하려고 하는 앞날의 어떤 상태에 희망을 걸고 산다면, 만일 그에게 종말이 보다 일찍 닥쳐올 때에는 그의 삶은 의미를 잃고 말 것이다. 그러므로 충분한 의미 실현이 바로 현재의 이 순간에 이루어지도록 삶을 마련하라는 결론이 여기에서 생기게 된다.

이것은 실제에 있어서 매우 중요한 결론이다. 이것은 현실 속에서 삶을 마련하는데 있어서, 만일 인간이 그에 대한 요구를 포기하려고 하지 않는다면, 그의 계획이나 희망들을 부둥켜 안고 어떤 상상적인 미래로 도피하여서는 안되며, 삶의 전력을 현재의 이 순간에 집중하여야 하며, 모든 힘을 다하여 이 순간에 참가하여야 한다는 것을 알려 준다.

죽음이 부정적이라는 이 성격은 인간의 삶이나 특히 죽음에 대한 관계를, 릴케가 최후의 경지에서 도달하였던 것처럼, 과실의 성숙이라는 유기체적인 비유로 이해하려고 하는 모든 견해가 불충분하다는 것을 깨닫게도 하여 준다. 과실의 성숙에 비하려는 이러한 노력은 결코 우연히 나타나는 것이 아니며, 또 어느 면으로는 깊이 해명하여 주는 힘까지도 가진다. 이 노력은 죽음을, 단순히 밖에서부터 삶으로 들이닥치는 어떤 종말이라고 보는 피상적인 견해를 극복하고, 죽음이 삶에 본질적으로 속하여 있다는 것을 다음과 같이 진심으로 믿는다. 즉 어떤 미숙한 과실에 있어서 성숙은 어떤 딴 요소로서 아직 익기 전의 과실에 덧붙여지는 것이 아니라, 본래의 가능성으로서 미숙한 상태에 있어서 이미 과실 속에 내포되어 있으며, 지금 속에서부터 꾸준히 익어 가고 있다. 이와 비슷한 양식으로 인간의 삶에 있어서도 죽음은 오직 밖에서 들어오는, 바꾸어 말하면 인간이 살아 있는 동안은 '아직 눈앞에 없는' 어떤 종말이 아니라, 과실에 있어서와 마찬가지로 가장 근원적인 가능성으로서 이미 이 현재의 삶 속에 내포되어 있으며, 삶의 깊은 이해에 없어서는 안 될 것이라고 본다.

그러나 동시에 이것으로써 유기체적인 비유가 미칠 한계가 끝난다. 우리는 이 범위를 넘어서 이 비유를 죽음의 이해를 위한 발판으로 삼아서는 안 된다. 이 비교를 이 이상으로 밀고 나가려는 기도는 다음과 같은 점에서 이미 난파할 것이다. 즉 성숙의 완료는 어떤 적당한 시기에 이루어진다. 이리하여 성숙은 언제나 예측상으로 계정(計定)할 수 있는 일정한 시기를 기대하여야 하며, 따라서 이와 같은 성숙은 죽는 시간이 불확정적인 데서 오는 위협을 내포할 수는 없다. 그러나 이 기도는 무엇보다 다음과 같은 점에서 아주 막혀 버린다. 즉 익어 가는 과실에 있어서는 물론 본래의 완성과 시간상의 종말이 일치한다. 그러나 인간적인 현존재에 있어서는 완성과 종말 사이에 본질적인 관련은 없다. 죽음이 오기 이전에 성숙이 달성될 수 있고 또한 성숙이 끝나 버린 지 이미 오래일 수도 있다. 그리고 반대로 성숙이 달성되기 이전에 죽음이 닥쳐올 수 있다. 그러므로 이와 같은 견해는 반드시 다음과 같은 결과로 나타난다. 즉 이 견해는 그 목표를 종말의 순간에, 따라서 죽음의 사건에 두게 되며, 이렇게 함으로써 다시 현재의 바로 이 순간에 수행되어야 할 행동의 가치를 인정하지 않게 된다. 특히 하이데거는 이 구별을 강조하였다. 그리고 많은 것이 바로 릴케와 대결하여 논술한 것으로 같이 보인다. "과실은 성숙함으로써 완결된다." 그러나 현존재가 도달하는 죽음은 과연 이러한 의미로서의 완결일까. 물론 현존재는 그의 죽음과 더불어 '그의 생애는 완결'된다. 그러나 이것으로써 현존재는 그의 특수한 가능성들도 필연적으로 다하였을까. 도리어 이 가능성들은 그에게서 바로 박탈된 것이 아닐까. '아직 완결되지 않은' 현존재에도 종말이 온다. 다른 한편으로 현존재는 그의 죽음과 더불어 비로소 성숙에 도달할 까닭은 없다. 그는 이미 종말이 오기 전에 성숙을 끝마쳐 버릴 수 있다. 대개는 완결되기 이전에, 다시 말하면 요절이나 노쇠로 끝난다.〔SuZ. 244면〕인간의 완결은 그 종말과 일치할 이유가 없다는 사실뿐만 아니라, 현존재는 가급적으로 현재의 이 순간에 이미 그의 가장 높은 정점에 도달하여야 한다는 사실은, 인간이 죽음을 향하여 성숙하여 간다는 관념들을 부숴 버린다.

4 죽음의 의식이 삶에 미치는 영향

이러한 난점들은 우리가 이제 전체를 구성하고 있는 세 번째의 요소도 함께 고려할 때 비로소 해결된다. 지금까지 죽음은 늘, 우리가 냉정하고 객관적인 태도로 예기할 수 있는 어떤 사건으로서 고찰되어 왔다. 이와는 반대로 실제에 있어서는 그와 같이 냉정히 예기할 안정을 결코 허락하지 않고, 인간을 그의 가장 깊은 본질로부터 뒤흔들고 또 불안전하게 하는 현존재의 근본적인 위협이 훨씬 더 문제가 된다. 인간을 죽음에 대한 생각으로 엄습하며, 그를 떨게 하는 '불안'이 문제다. 앞에서 일반적으로 불안에 대하여 논의하였던 모든 것은 완전히 죽음의 불안에 해당된다. 지금까지의 고찰에서 이미 드러났듯이, 그곳에서는 죽는 순간의 구체적인 불안이 문제가 아니고, 또 죽음이라는 사건의 고통에 대하여 관념상으로 앞질러 느끼는 불안도 문제가 아니고(이것에 대해서는 아마 여러 가지 위안이 있을 것이다), 인간으로 하여금 "그 이상 더 존재하지 않는다."라는 것을 생각하게 함으로써 엄습하는 현기증이나 불안감이라는 심정이 문제다. 이와 같이 여기에 있어서의 불안은, 인간이 자기 현존재의 전체적인 위기를 가장 깊이 느끼는 것을 의미한다.

그러므로 이제는 한 걸음 더 깊이 다음과 같이 묻지 않으면 안 된다. 즉 죽음에 대한 불안이 인간의 삶 속에서 어떠한 의미를 가지는가. 이 죽음에 대한 불안은 이미 앞에도 설명되어 있듯이 살아 있는 현존재의 존립에 대한 불안이다. 즉 무조건으로 그 이상 더 존재하지 않는다는 데 대한 불안이다. 그러나 이 불안은 그러한 것으로서는 아직 무의미하며, 실존철학에서 문제되는 것과는 관계가 적다. 그런데 현존재의 존립에 대한 이 불안에는 또 어떤 다른 것, 즉 지금까지 살아 온 삶이 곧 닥쳐올 종말의 가능성

앞에서 과연 이겨 나갈 수 있을까 없을까 하는, 죽음에 의한 위협 속에서 우러나는 문제가 결부되어 있다. 야스퍼스는 '실존의 불안'이라고 부르는 이 한층 심각한 불안을 단순한 '현존재의 불안'과 구별한다.〔Ⅱ 255 및 다음 면〕이 불안 속에서 비로소 죽음의 생각이 현재의 삶에 대하여 실제로 건설적인 힘이 된다. 그것은 벌써 순수한 존립에 대한 불안이 아니고, 잃어 가는 현존재의 가치에 대한 불안이다. 즉 최후의 심판과 같이 실존의 본래성을 시련대 위에 세우는 불안이다.

이 불안의 극복은 이러한 불안을 근거 없는 것이라고 선언하려는 이론적인 고찰에 있어서는 불가능하다. 왜냐하면 여기에서는 모든 이러한 고찰의 근거가 없어지는 까닭이다. 도리어 이 극복은 오직 이 불안의 토대 위에 서서 그것을 용감하게 이겨 나가는 데서 이루어진다. 여기에서 경험되는 실존 속에서, 이제는 벌써 시간적인 지속의 상실을 통하여 흔들릴 수 없는 무조건적인 가치가 경험된다. 이와 같이 불안을 이겨 나가는 일관된 실존적인 태도 속에서 시간을 초월한 어떤 '절대적인 것'으로 비약할 수 있다. 그리고 이러한 의미에서, 이제는 벌써 죽음의 가능성을 통하여 위협받을 수 없는 '순간의 충실화'로 죽음은 강요하여 준다는 앞에서의 주장이 가능하였다.

이러한 근거로부터 모든 예정이나 계획이 충족되지 않는다는 것이 드러난다. 인간의 삶에 있어서 계획이나 구상에 따라서 실천되는 모든 것은 언제나 가능한 죽음을 앞에 두고 언제까지나 지속될 수는 없다. 왜냐하면 그것은 확정된 일정한 시간을 향유한다는 것을 언제나 전제하고 있기 때문이다. 그러나 죽음이 어느 순간에나 올 수 있다고 하면, 삶에 어떤 침범할 수 없는 의미를 주는 것은, 모든 시간적인 지속과는 아무 관계 없이, 목표의 달성과도 관계 없이 오직 이 순간에만 있게 된다. 그리고 앞에서는 유한성에 대한 일반적인 자각이 본질적인 것과 비본질적인 것의 구별을 촉구한다고 말하였다 하더라도, 그때에 역시 상대적인 의미에서만 그렇게 말할 수 있었다. 그러나 모든 성공의 가능성이 의문스러운 지금에 있어서는 성공과는 아무런 관계도 없는, 그리고 불의의 죽음을 통하여 소멸되지 않고, 신념이나 헌신 속에 기초를 가지며 따라서 아주 소멸될 수 없는 업적들의 수립과도 결코 관계가 없는, 오직 절대적으로 가치 있는 것만이 문제된다. 삶에 의미를 주는 모든 규정된 내용은 죽음의 위력 앞에서 부서져 버리고, 오직 무조건적인 실존 자신의 성취만이 남는다. 철저한 헌신을 위하여 이 순간에 실현되는, 즉 앞으로 닥칠 모든 미래의 것에 의존하지 않는, 따라서 죽음을 통해서 위협받을 수 없는 능력을 최후적으로 첨예화(尖銳化)하는 곳에 현존재의 모든 의미가 있다.

그러므로 죽음의 기능은 인간으로 하여금 일상적인 안이한 삶의 테두리로부터 벗어나게 하고, 그의 모든 계획과

기도가 믿을 수 없다는 것을, 즉 고정적인 존립은 있을 수 없고 모든 고정적인 것은 오직 착각이라는 것을 눈앞에 여실히 보여 주는 데에 있다. 죽음은 특히 삶을 극단적으로 불안정하게 느끼도록 강요한다. 이렇게 함으로써 비로소 인간은 그의 참다운 실존의 과제를 위한 삶의 자유스러운 활동을 마련하여 준다. 이것을 특히 하이데거가 명백히 언명하였다.

"고유한 죽음을 위하여 앞날을 달관하면서 자유스러워질 때에만이 우연히 들이닥치는 여러 가능성들에 자기를 상실하는 것으로부터 벗어날 수 있다. 그리하여 넘을 수 없는 최후의 가능성 이전에 있는 여러 현실적인 가능성들을 이해하고 선택하게 된다. 이 선행적(先行的)인 달관은 실존에 극단적인 가능성으로서의 자신의 과제를 개시(開示)하며, 그때 그때에 도달된 실존으로 굳어 버리는 태도를 모두 꺾어 버린다."〔SuZ. 264면〕

이것은 두 가지 방향을 보여 준다. 우선 죽음은 인간으로 하여금 절대적으로 본질적인 것에 대한 물음을 강요한다. 따라서 죽음이 삶 속에서 성취하여야 하는 모든 다른 본질적인 것에 대한 문제도 이 물음에 관계된다. 그러나 이와 동시에 죽음은 항상 고정성과 이미 도달된 지위에 안식하려는 경향을 허물어뜨림으로써 인간을 참다운 실존의 생생한 활동 속에 있게 한다. 인간이 그의 삶을 해결하려는 실제적인 노력으로부터 회피하려고 하였던 모든 자부와 모든 허위, 그 밖의 모든 형식은 죽음에 직면하여 필연적으로 무너져 버린다. 그러므로 야스퍼스는 말한다. "죽음에 직면하여 본질적으로 남아 있는 것은 실존적으로 실천하였던 것이다."〔Ⅱ 223〕

죽음은 실존을 분별하는 최후의 시금석(試金石)이다. 그러므로 실존철학에 있어서도 죽음은 다른 것들과 나란히 있는 어떤 논제가 아니라 최후로 결정적인 문제가 된다. 이 문제에 의하여 시간성과 역사성이라는 본질적이며 체계적인 근본 개념들이 규정된다. 일반적으로 한계상황 속에 서 있다는 것과 실존한다는 것은 동일하다고 앞에서 말하였다면, 이제는 이것을 다음과 같이 엄밀하게 규정할 수 있다. 즉 "실존하는 것은 죽음에 직면하고 서 있는 것을 의미한다."라고…….

XII 시간성

1 객관적 및 주관적 시간

죽음의 문제를 실존철학적으로 다루어 오는 사이에, 미래에 비로소 닥쳐오는 하나의 사건이 어떻게 결정적인 양식으로, 이미 현재의 이 순간에 근원적인 힘으로서 작용할 수 있는가가 명료해졌다. 여기에서 미래는 오직 현실적인 현재로부터 엄밀히 구별되는 아직 현실적이 아닌 것, 따라서 아직 비현실적인 것으로서 이해되는 것이 아니고, 그것은 이미 어디까지나 작용하는 무엇으로서 현재 속에 들어 있다. 이러한 관계로 시간의 문제는 필연적으로 실존철학에 있어서 중심적인 의의를 얻는다. 실존철학은 그의 독특한 삶의 경험을 토대로 하여 시간 문제에 대한 새롭고도 유효한 통로를 열어 준다. 이것을 통하여 시간 문제는 결정적인 양식으로 촉진되어진다.

여기에서도 다시 실존철학의 모든 개별적인 측면들이 하나의 통일적인 중심으로부터 통일적으로 규정되는 실존철학의 내적인 긴밀성이 명시된다. 처음의 발단은 역시 '주체적인 사상가'의 문제 속에서 주어진 바와 같이, 모든 물음들은 체험하는 인간에게 주는 그들의 의의에 근본적으로 관련한다는 사실로부터 필연적으로 시작된다. 시간의 문제에 있어서는, 첫째로 시간에 대한 인간의 관계가 문제이며, 시간이 인간에게 체험상으로 부여하는 형식들이 문제다. 이러한 의미에서 실제로 체험되는 '주체적인 시간'은 시계로써 잴 수 있는 물리학적인, 즉 '객관적인 시간'으로부터 구별된다. 체험된 시간이 실제의 객관적인 시간과 다르다는, 즉 그때 그때 시간을 채우고 있는 체험의 종류에 따라서 혹은 보다 빠르게 혹은 보다 느리게 보이므로, 즐거운 몇 시간은 빨리 지나가는데 심심할 때는 몇 분이 오래도록 지속된다는 사실은 너무나 뚜렷한 하나의 사실이다. 그러므로 사람들은 과거에도 이것을 아주 간과할 수는 없었다.

그러나 사람들은 그것을 그의 진정한 철학적인 무게에서 이해하지 못하였다. 사람들은 단면적으로 객관적인 시간에 치우쳤다. 그리고 시간 체험 속에서, 인간의 시간 감각이 불충분하다는 것의 표현에 불과한(그 자체는 철학상 비본질적이라고 하는) 시계 시간과의 어떤 편차만을 보았을 따름이다. 체험된 시간에 대한 물음이 인간 자신에 대한 물음의 가장 근본적인 핵심으로 통하여 있다는 사실을 인식하기 위해서는 우선 어떤 근원적인 전향이 요구되었다. 이것이 무엇보다 큰 실존철학의 공적이었다.[1)]

2 순간의 시간적인 구조

진행의 첫 단계는 역시 생철학과 동행한다. 비록 생철학에 있어서는 문제가 아직 부분적으로 나타났으며—베르그송(Bergson)이 독특하게 발전시키기까지—또 깊이 추구하지도 않았지만, 일반적인 근본 성격들은 역시 생철학의 발단 속에 필연적으로 포함되어 있다. 그리고 이 공통적인 출발점을 먼저 분리하여 밝혀 냄으로써 이 배경 위에서 실존철학의 특수한 전제들로부터 나타나는 것을 더욱더 날카롭게 드러내는 것이 무엇보다 효과적인 방법이다.

생철학과 실존철학의 공통되는 점은 인간 속에 있는 시간적인 구조를 드러내는 데 있다. 체험 시간이 시계 시간과 다르다는 것을 시간 표준의 변화가 무상(無常)하다는 것으로써 파악하는 것은 충분치 못하다. 이 견해도 시간을 흘러가는 어떤 일차원적인 연속이라고 보는 시간 관념에 사로잡혀 있다. 이 입장에 선다면 이 순간은 아직 없는 미래를 이미 없는 과거로부터 구분하는, 그 자신은 넓이를 가지지 않는 횡단면일 것이다. 만일 사람들이 이 순수한 현재의 순간을 기술하려고 하면 여기에는 이미 필연적으로 이 순간을 넘어서 과거와 미래로 향하는 요소들이 나타난다는 결과가 생긴다. 사람은 계획하고, 희망하고, 걱정하고 또 기대한다. 그리고 그가 이와 같이 현재 하고 있는 모든 것 속에 이미 미래의 계기가 포함되어 있다. 사람은 회상하며 자기의 내외에서 '어떤 이미 되어진 것'에 대비하여 자신을 발견하며, 또 이것과 대결하여야 한다. 그리고 여기에는 언제나 이미 과거의 계기가 포함되어 있다. 이 순간은 이와 같이 자세히 바라보면 그 자신 속에서 풍부한 내용을 가진 어떤 시간적인 구조를 보여 준다. 이러한 사실에 직면하여 자명한 것으로 보이는 미래나 과거에 관한 일상적인 이해가 동요하게 된다. 그리하여 다음과 같이 묻게 된다. 도대체 미래니 과거니 하는 것은 무엇인가. 일반적으로 인간에게 있어서 시간은 어떠한 의의를 가지는가. 어쨌든 미래는 앞으로 올 어떤 시점에서 언젠가 한번 나타날, 따라서 현재는 인간에게 아직 조금도 관계하지 않는 것이 아니라, 그것은 근원적으로 말하면 인간의 태도 결정의 한 방향이다.

미래는 희망과 걱정 속에서, 계획과 구상 속에서 작용하고 있는 것이며, 하나의 결정적인 요인으로서 현재의 분리할 수 없는 한 부분을 이루고 있는 것이다. 마찬가지로 과거는 지나간 어떤 시점에 한번 있었던, 그리고 현재의 이 순간에는 인간에게 이미 조금도 관계하지 않는 어떤 무엇이 아니다. 그것은 형성되었으며 규정된 것으로서 과거의 것으로부터 현재에까지 미치고 있는 것이며, 좋거나 나쁘거나 지배적인 근거로서 또는 구속적인 제약으로서 현재를 규정하는 것이다. 그리고 현재도 역시 그 자신은 넓이를 가지지 않는 과도점(過渡點)이 아니라, 직관적인 바로 이 순간에 모든 것을 통합하고 있는 유대(紐帶)다.

이와 같이 시간적인 순간은 그 자신 속에 풍부한 내용을 가진 하나의 구조를 가지고 있다. 이 구조 속에서 과거, 미래 및 현재에 대한 세 가지 관련이 갈라 나온다. 이것은 이미 아우구스티누스가 그의 ≪고백≫ 속에 있는 유명한 구절에서 전개하였던 구조다. 그는 그곳에서 시간의 세 가지 형태를 이 순간의 인간의 의식이 가지는 방향이라고 이해한다. "세 가지 시간이 있다. 즉 현재에 관한 현재, 과거에 관한 현재 및 미래에 관한 현재. 시간은 우리의 정신에 있어서는 이 세 가지로 존재하지만, 정신 이외에는 나는 시간을 지각하지 못한다. 현재에 있는 것은 과거에 관해서는 기억, 현재에 관해서는 직관, 그리고 미래에 관해서는 기대일 뿐이다."[2] 이 사상은 물론 아우구스티누스에 있어서는 아직 순전히 이론적인 태도로부터 전개되어진다. 따라서 그 결과로 그에게 있어서는 물체적으로 주어지는 대상의 직관(contuitus)이 현재의 근본적인 규정으로서 보여진다. 이 사상이 이제 생철학과 실존철학에서는 인간의 태도 전체에 확장되어 인간의 시간성을 체계적으로 분석하는데 유효한 것으로 된다.

이 경우에 시간성이라는 개념은 이 새 사상 경향의 특징을 나타내는 심오한 의미를 가진다. 그것은 객관적인 시간의 경과와는 대립되는 것으로서, 어떤 외적인 의미에서 시간 안에 있을 뿐 아니라, 그의 가장 근원적인 성격이 시간에 대한 그의 관련에 의하여 규정되어 있는 실재(인간을 의미한다)의 내면적인 구조 양식을 의미한다. 이 내적인 시간성에 있어서는 미래·과거 및 현재는 동일한 시간적인 연속의 부분들이 아니고, 인간의 시간적인 태도가 뻗어 나가는 세 가지 방향이며, 한데 뭉쳐서 현재의 이 순간을 구성하는 세 가지 방향이다. 이러한 의미에서 하이데거는 시간의 세 탈자태(脫自態), 즉 세 차원이라는 말을 쓴다.

3 실재적인 시간성

시간성의 이 일반적인 성격까지는 실존철학의 견해는 아직 생철학의 견해와 아주 동행할 것이다. 그 다음부터는 실존철학의 특수한 성격은 이 공통적인 토대로부터 뚜렷이 구별된다. 이것은 이미 실존철학의 세계 이해가, 유한성을 본질로 하는 인간의 이해로부터 오는 특수한 냉엄(冷嚴)을 통하여 일반적인 세계 개념으로부터 구별되었던 것과 아주 마찬가지다. 여기에서부터 시간성의 해석에서 실존철학 일반의 특색을 나타내고 있는 어떤 아주 결정적인 긴장이 따른다. 이미 기독교의 입장에서 시간성이 영원성에 대하여 어떤 근본적인 결함으로서 보여지듯이, 실존철학에 있어서도 시간성은 인간의 유한성을 표현하고 있다. 앞에서 일반적으로 일정한 상황 속에 던져져 있다는 성격으로서 설명되었던 것은 엄밀히 살펴보면 그 자신이 이미 인간의 시간적인 규정의 한 계기다. 왜냐하면 인간의 세계는 인간에 의하여 개조된 환경이므로, 순간마다 특수한 상황을 형성하는 노력은 언제나 역사적으로 이미 되어진 것을 제어하는 것이기 때문이다.

그러므로 과거는 생철학에 있어서처럼, 현재의 삶에 발판과 안정을 주는 무엇보다 결정적인 토대로서 경험될 수 있는 것은 아니다. 앞에서 세계에 대한 관계에 관하여 설명되었던 것과 아주 비슷한 양식으로 과거는 무엇보다 이전에 이미 되어진 것이 이 순간에 인간의 행동 자유를 구속한다는 사실 속에서 자신을 드러낸다. 과거는 무거운 짐으로서 현재를 억누르고, 여러 가지 부담으로써 현재를 절박하게 조르는 것이다.

이것에 의하여 동시에 미래에 대한 관계도 규정되어 있다. 인간은 상황을 통하여 언제나 어떤 일정한 곤경 속에 놓여 있다고 하면, 이제는 미래와의 관련도 이 곤경의 극복을 위한 방향에 의하여 설명되지 않으면 안 된다. 이러한 의미에서 미래 방향은 일반적으로 인간으로 하여금 이러한 과제에 직면하여 그에게 주어지는 자기 태도 결정의 여러 가능성으로 향하게 하는 것이다. 인간은 이 가능성으로 선행하며(Vorlaufen, 하이데거가 표현하는 바와 같이) 이것으로부터 인간은 현재를 형성한다. 그러므로 실존철학적인 토대로부터 내적인 시간성의 분석을 가장 깊이 발전시켰던 하이데거는 다음과 같이 말한다. "미래는 여기에서 아직 현실로 되어 있지 않은, 앞으로 비로소 현실로 될 어떤 지금을 의미하지 않고, 현존재가 그의 가장 고유한 존재 가능을 통하여 자아에 도달하는 장래를 의미한다. 선행(先行)이 현존재로 하여금 참으로 미래적이게 한다."〔SuZ. 320면〕

그러나 지금 또다른 것이 구별된다. 즉 일반적으로 인간의 현존재에 본래성과 비본래성의 두 가능성이 주어져 있다고 하면, 지금 시간에 대한 관계에 있어서도 그러하다. 사람은 완전한 실존적인 순간 속에서 그의 모든 힘을 가다듬어, 여기서부터 그 힘을 결연히 미래에 돌릴 수도 있고, 혹은 여기에서 주어지는 과제로부터 피하여 수동적으로 그에게 다가오는 사건에 자신을 떠맡길 수도 있다. 이 두 가지 경우에 있어서 내적인 시간성의 구조는 아주 서로 다르다. 처음의 경우에 있어서만 미래와 과거 사이에 있는 근원적인 연결이 진실로 긴밀하여진다. 이러한 의미에서 엄연한 실존행위의 '미래적인 시간'과 세계에 함몰된 현존재의 '비본래적인 시간'이 서로 구별된다.

4 결단성

그러나 실존적인 시간성의 문제는 죽음을 눈앞에 직시할 때에 비로소 그의 가장 극단적인 성격을 가지게 된다. 죽음의 압력 밑에서 비로소 미래로 향해 있는 계획이, 앞에서 서술하였던 바와 같이, 이 유일한 순간으로 도달하게 된다. 그리고 세 갈래로 갈린 시간적인 구조는 여기에서 실존적인 순간 자체 속에서 통일된다. 이리하여 시간적인 통합의 최고 형식이 성립한다. 이 형식을 하이데거는 정당하게도 '결단성'이라는 개념으로 표현한다. 이것은 본래적인 시간성의 근본 형식이며, 이 속에서 순간 자신이 절대적인 최후의 가치를 얻는다. 이전에 이미 죽음의 문제를 다룰 때에 앞질러 말하지 않으면 안 되었던 것이 이러한 관련 속에서 비로소 그의 완전한 의의를 얻는다.

이 결단성 속에서 인간적인 삶의 어떤 상태, 즉 그 속에서 어떤 절대적이며 내적인 가치가 이 유일한 순간을 그의 시간적인 연장에 의존하게 하지 않는 상태로 달성된다. 엄밀히 말하면 어떤 상태에 관하여 말하여서는 안 될 것이다. 왜냐하면 이 순간에 실천될, 그리고 그의 본질은 바로 긴장된 행동 속에 있는, 어떤 사건이 문제인 까닭이다. 그러므로 결단성은 인간의 본래적인 현존재의 어떤 기구, 즉 거기에서는 행위가 그의 의미를 어떤 도달될 목적으로부터 얻는 것이 아니라, 불가분리(不可分離)로 그 자신 속에 지니고 있는 독특한 기구를 의미한다. 인간적인 현존재의 어떤 최후적인 긴장이, 즉 이 속에서 현존재는 어떤 단순히 몽롱한, 그리고 분주한 상태로부터 벗어나서 그의 전력을 어떤 통일적이며 주도적인 정점에서 집중하는 긴장이 문제다. 인간은 여기에서, 평소에 제기되는 여러 가능성 속에 분산되어 있었던 그의 현존재를 어떤 명확한 실천 속에서,

즉 그의 최후적인 의미는 달성되는(혹은 아마도 달성되지 않는) 결과로부터 얻는 것이 아니라, 오로지 무조건적인 헌신 자체로부터 얻는 실천 속에서 총괄된다.

이미 다른 부분에 있어서처럼 여기에서도 서술이 매우 철저히 전개된 하이데거의 분석에 너무 깊이 따르는 것을 경계하지 않으면 안 된다. 하이데거의 분석들은 그의 사상 전개가 철저하고 그의 결론들이 인상적이기 때문에 언제나 끌려 들어가기 쉽다. 이렇게 되면 실존철학의 일반적인 성격이 너무나 하이데거에 있어서의 존재론적인 특수한 발전의 방향으로 고정될 것이다. 현재의 입장에서는 하이데거의 시간성에 관한 분석은 하나의 실례로서, 즉 그것에서 실존적인 시간의 이해 일반이 명료하게 될 수 있는 실례로서만 언급되어야 한다. 여기서는 실존철학 속에 있는 독특한 실존적인 시간 체험과 그의 해석이 무엇보다 중요하다.

여기서 본질적인 것은 이 절박한 순간의 엄숙한 성격이다. 실존적인 순간을, 흐르고 있는 시간의 연속으로부터 준별(峻別)하는 실존적인 순간의 엄숙성에 관한 이 사상과 이것으로부터 나오는 결론을, 그리세바하는 실존철학적인 의미에 있어서의 비판적인 윤리학을 세우기 위하여 매우 치밀하게 그의 ≪현재≫라는 저술 속에서 최후까지 사색하였다. 여기에서 '순간'의 비연속적인 성격에 관하여 다음과 같이 말한다. "이 오늘은 연속성 속에 있는 하나의 계기가 아니라, 모든 연속적인 측정의 중단이며, 끝없는 지루한 시간 내에서 본질적인 발전을 하는 발판이다."[3] 여기에서는 시간의 끊임없는 유출이라는 관념이 사라져 버리거나, 혹은 적어도 아주 비본질적인 영역으로 떨어져 버린다. 요컨대 개개의 순간이 유일한 포괄적인 시간의 흐름에 의하여, 즉 그 속에서 이전 노력의 결과가 뒤의 삶 속에서도 유효하게 남아 있는 이 시간의 흐름에 의하여 밑받침되어 있다는 의식은 사라져 버린다. 오직 실존적인 순간 자체만이 남는다. 이 속에 내적인 시간성의 모든 구조가 내포되어 있으며, 어떤 유대가 이 실존적인 순간을 과거와 미래의 순간에 이어 주는 것은 아니다. 순간으로부터 순간으로의 진전은 없으며, 이전의 소득이 시간의 흐름 속에 보존되지도 않는다. 실존이 각 순간에 언제나 새로이 획득되어야 하듯이, 삶의 과정 속에서는 개개의 실존적인 계기들의 쇠사슬(＝連環)이 가장 고귀한 것으로서 남게 된다. 실존적인 계기들은 개개의 발광점처럼 일상적인 현존재의 어두컴컴한 밑바닥으로부터 비쳐 나온다.

5 절대자와의 관련

이상으로써 이미 죽음의 문제를 다룰 때에, 그리고 지금 다시 시간성을 탐구할 때에 북받쳐 오르지 않을 수 없었던 이의들을 물리칠 수 있는 확고한 입장에 도달하였다. 그 이의란 즉 여기에서 인간이 미래의 불확정성에 부딪혀 개별적인 순간으로 돌아가게 된다면, 그것은 우선 "이 순간을 즐기라!"는 부당한 향락주의의 주장과 근본에 있어서는 다름없는 것같이 보일 수 있다. 그 대답은 실존철학도 부득불 쓰지 않을 수 없는 순간이라는 같은 말이 서로 다른 내용으로 두 입장에서 의미되고 있다는 사실 속에 있다. 향락이라는 의미의 순간은 점점 사라져 가는 무상한 순간이며, 이것에 대하여 사람들은 말할 수 있을 것이다. 즉 "잠간만 기다려! 너는 너무나 아름답다!" 그것은 '끌리어 나가는 시간'[4]의 끝없는 쇠사슬 속에 있는 어느 한 부분이다.

여기에서 그 순간의 인간은 철두철미 시간 안에 있으며, 간단 없이 흐름에 인도되어 있다. 이에 반하여 실존철학에서 순간이라고 불리는 것은 어떤 아주 다른 무엇이다. 왜냐하면 이 속에서 실존은 무조건적인 것으로 비약하여 '끌려 나가는 시간'의 영역을 벗어나 있는 까닭이다. 여기에서 그 자신은 벌써 시간적인 성질의 것이 아닌 어떤 절대적인 것으로 나타난다. 즉 그 자신은 벌써 시간적인 영역에 속하지 않는, 따라서 '끌려 나가는 시간'의 흐름을 통해서도 단절될 수 없는 어떤 차원이 나타난다. 정당하게도 릴케는 어느 때에 '쇠미하여 가는 마음의 방향 위에 수직으로 서 있는 어떤 시간'〔Ⅲ 427면〕에 관하여 말하며, 키에르케고르는 이 특수한 순간에 나타나는 절대적인 것을, 그는 이 특수한 순간을 시간과 영원의 관통점이라고 해석함으로써 이해하려고 한다.

그러므로 실존적인 순간은 만일 이 초시간적인 것에 대한 관련도 아울러 고려하지 않는다면 미래 관련, 현재 관련 및 과거 관련의 긴장된 통일로부터만은 충분히 파악될 수 없다. 이 순간은 현실적인 삶의 요소로서 흐르는 시간에 속하여 있으며, 또 그 자신은 급속히 지나간다. 그러나 이 순간 속에서 발현하는 것은 시간을 초월해 있다. 이것은 키에르케고르에 의하여 매우 명백히 언명되어 있다.

"이와 같은 실존적인 순간은 고유한 성질을 가지고 있다. 그것은 모든 순간이 그러하듯이 짧고 덧없다. 모든 순간처럼 얼른 지나가 버리나 그는 결정적인 것이다. 그럼에도 불구하고 그는 영원한 것에 의하여 가득 채워져 있다. 확실히 이와 같은 순간은 어떤 특수한 이름을 가져야 한다. 우리는 그것을 순간의 충실이라고 부르고 싶다."〔V 16면〕 여기에서 키에르케고르는 '순간의 충실'에 관하여 말한다. 이것으로써 술어상으로 이와 같은 순간 속에서 도달되며 모든 시간적 연속으로부터 독립하여 있는 내적인 완성을 의미한다. 혹은 다른 장소에서 더욱 날카롭게 다음과 같이 말하고 있다. "순간은 이의적(二義的)인 것, 즉 그 속에서 시간과 영원이 서로 접촉하는 이의적인 것이다. 그리고 이것으로써 시간성, 즉 그 속에서 시간이 영원을 끊고 영원이 끊임없이 시간을 꿰뚫는 시간성이라는 개념이 결정되어 있다."〔V 86면〕 "이와 같이 이해하면 순간은 원래 시간의 원자가 아니라 영원의 원자다. 그것은 시간 속에 있는 영원 맨 처음 반

사이며, 이를테면 시간을 정지시키려는 영원의 맨 처음 시험이다."〔V 85면〕

영원과의 이 관련은 키에르케고르에게 있는 어떤 '신학적인 찌꺼기(=잔재)' 즉 현대의 실존철학에서 다른 많은 신학적인 특징들이 제거되었던 것처럼 사람들이 마음대로 제거할 수 있음직한 어떤 '신학적인 찌꺼기'가 아니다. 그것은 분리할 수 없는 요인으로서 실존적인 순간 자신 속에 내포되어 있다. 이리하여 야스퍼스도 다음과 같이 표현한다. "순간 속에서 소멸하면서도 영원한 것이 실존이다."〔I 18면〕 그러므로 순간을 향락함으로써, 사람들이 죽음과 운명을 생각하지 않음으로써, 죽음과 운명이 극복되는 것이 아니다. 그것은 시간 자신 속에서 어떤 절대적인 발판, 즉 그것에 대해서는 모든 시간과, 따라서 미래의 운명이나 죽음도 그 중요성을 상실하는 어떤 절대적인 발판을 파악함으로써 극복된다.

㈜

1. 그것에 대해서는 민코브스키에 의해 예리하게 분석된 ≪체험의 시대≫를 참고.
2. 아우구스티누스의 ≪고백≫ 제11권 제20장.
3. E. 그리세바하의 ≪현대≫ 571면.
4. E. 쉬타이거의 ≪시인의 상상력으로서의 시대≫(1939년), I 18면.

XIII **역사성**

1 역사성이라는 개념

다음으로 시간성을 토대로 하여 이 시간성과 매우 밀접한, 그리고 보다 복잡한 인간적인 현존재의 구조 형식인 역사성의 구조형식이 문제된다. 시간과 시간성 사이에 있어서 그러하였듯이, 여기에서 역사와 역사성도 서로 구별되지 않으면 안 된다. 이 경우에 우리는 역사라는 이름은 객관적이며 시간 속에서 흐르고 있는 사건의 연관을 의미하며, 역사성이라는 것은 역사를 가진다는 사실로써 그의 참다운 의미가 규정되어 있는 실체(인간을 의미한다)의 주체적인 구조 형식을 의미한다. 실존철학이 나오기까지는 철학적인 관심이 오로지 객관적인 역사로 향하였다. 이에 반하여 실존철학의 관심은 그의 주체적인 사색의 일관적인 특성으로서 역사에 대한 인간의 관계로 향하지 않으면 안 되었다. 그리고 역사를 이룩하는 주체의 독특한 구조인 역사성에 대한 물음 속에서 철학적인 근본 문제를 비로소 발견하였다는 것이 실존철학의 특수한 업적이다. 그러므로 하이데거가 다음과 같이 강조하나, 이것은 실존철학의 일반적인 본질 속에 가로놓여 있는 것이다. "현존재는 실재로 언제나 그의 역사를 가지고 있다. 그리고 이 존재자의 존재가 역사성에 의하여 구성되어 있는 까닭에 역사를 가질 수 있다.〔SuZ. 382면〕 이와 같은 이유로 '객관적인' 역사는 '주체적인' 역사성에 뿌리를 박고 있다.

그러나 이와 동시에 역사를 특히 인간의 유한성이 표현된 것으로 본다는 점에서 실존철학적인 이해는 다시 특수한 규정을 받게 된다. 이리하여 그것은 내용상으로도 모든 관념주의적인 또는 생철학적인 역사의 파악과는 엄밀하게 구별된다. 역사성은 일반적인 의미로서는 가끔 피투성(被投性)이라고 하는 것과 같은 의미라고 보여진다. 이를테면 그것은 인간이 언제나 이미 어떤 상황 속에, 즉 인간이 스스로 선택한 것이 아니며, 그의 일회적인 특수성은 이성적인 파악으로써는 해결되지 않는 어떤 상황 속에 놓여져 있는 성격을 표현하는 것이라고 보여진다. 이 역사성이라는 개념은 특히 야스퍼스에 의하여, 그가 예를 들어서 '역사적으로 규정되어 있는 성격'을 보편적인 법칙에 대립시킬 때에, 이러한 방향으로 사용된다.〔Ⅲ 215면, Ⅱ 325면 이하〕 역사적이라는 개념은 그에게 있어서 주로 이성적으로 해결할 수 없는 그때 그때의 상황의 일회성을 의미한다.[1]

그러나 역사성이라는 개념은 시간의 규정을 토대로 하여 비로소 그의 가장 깊은 의의를 가진다. 앞에서 본래적인 시간성의 태도가 그 순간에 긴장된 실존이 감행하는 계단으로 규정하였을 때에, 아직 이 결단의 내용과 목표가 고찰되지 않았다. 지금 이곳에서는 역사성이라는 개념이 계속해서 등장한다. 이 결단의 내용과 목표는 실존 자신으로부터 나오는 것이 아니고, 반드시 밖으로부터 주어져 있지 않으면 안 된다. 이를테면 인간이 그 속으로 던져져 있는 세계로부터 주어져 있어야 한다. 혹은 보다 정확하게 말하면 인간이 그 속에 놓여져 있는 상황으로부터 주어져 있어야 한다. 그리고 그와 동시에 상황은 그의 진정한 시간적인 성격을 나타낸다. 상황 속에서 인간은 언제나 이미 과거의 결과들에 의하여 규정되어 있음을 발견한다. 다시 말하면 그의 고유한 개인적인 과거의 결정적인 사실들에 의하여 뿐만이 아니라, 인간이 그 속에서 또 그와 더불어 살고 있는 구체적인 공동체의 역사에 의해서도 얽매어져 있음을 발견한다.

과거로부터 물려받은 소재, 즉 이것으로부터 결단이 그의 참다운 실존활동의 내용적인 가능성들을 이끌어 내지 않으면 안 되는 소재를 하이데거는 술어상으로 '유산(das Erbe)'이라고 표현한다. "현존재가 그 속에서 자기 자신으로 돌아가는 결단은(이 결단이 이미 던져져 있는 것으로서 받아들이는) 유산으로부터 참다운 실존 활동의 그때 그때의 현실적인 가능성들을 개시한다."〔SuZ. 383면〕 이리하며 인간적인 현존재의 피투성은 역사성의 의미 속에서 더욱 깊이 다음과 같이 규정된다. 즉 미래에까지 걸쳐 있는 인간의 모든 태도는 결코 새로 시작될 수 없으며, 따라서 그의 목표 및 내용들은 자유롭게 선택되거나 혹은 스스로 만들어 낼 수 있는 것이 아니고, 그것은 언제나 오직 어떤 과거의 유산과 대결함으로써 그의 가장 고유한 업적을 전개할 수 있다.

그러므로 이곳에서는 역사성의 구조가 순수한 시간성으로부터 전개될 결과보다 광범하다. 시간성은 아직 하나 하나의 개별적인 현존재의 구조 형식으로서 파악되었다. 이에 반하여 역사성은 필연적으로 그 속에서 개별적인 인간이 살고 있는 공동체와의 연결을, 특히 역사적으로 자립하여 있는 근본적인 생활 통일체, 즉 민족과의 연결을 전제한다. 인간적인 현존재가 본질적으로 세계내 존재이며, 특히 타인과의 공존재인 것처럼, 인간이 물려받고 있는 유산도 필연적으로 하나의 공통적인 유산이다. 인간은 한 공통적인 역사에 의하여 결합된 그의 동포와 더불어 이미 이 공통적인 유산 속에 놓여져 있음을 발견한다.

2 유산(遺産)의 전승

이리하여 역사에 대한 관계에 있어서 개개인이 수행하여야 할 과제는 이 유산의 전승이라고, 즉 이 유산 속에 주어져 있는 정신적인 내용들을 동화하는 노력이라고 규정된다. 여기에서는 인간이 그의 역사성을 통하여 이미 그 속에 놓여져 있는 과제가 무엇보다 문제다. 즉 역사에 의하여 우선 외적인 것으로서 주어진 소재를 충분히 검토하여 근본적으로 소화함으로써 그것을 내면적인 삶 자신의 일부로 받아 들이는 과제가 무엇보다 중요하다. 처음으로 키에르케고르에 의하여 실존적인 사상가에게 요구된 과제, 즉 진리를 주체화하는 과제가 여기에서 역사에 대한 관계에 그대로 적용된다. '동화'나 '전승'의 두 개념 속에서 역사에 대한 실존철학적인 독특한 관계가 잘 표현된다.

여기에서 이미 역사성에 관한 실존철학적인 경향과 생철학적인 경향 사이의 차이가 드러난다. 각 개별적인 현존재는 역사의 전체적인 흐름의 일부로 되어 있으며, 그것으로부터 그때 그때에 그의 유산을 물려받아서 그것과 대결하지 않으면 안 된다는 견해에 있어서는 이 두 경향이 서로 일치할 수 있을 것이다. 그러나 다음으로 그들이 이 대결을 이해하는 방법과 양식을 통하여 근본적으로 이 두 경향은 서로 구별된다. 생철학에 있어서는 이 대결에 있어서 가장 중요한 것은 창조적인 보충, 즉 이 속에서 새 세대와 위대한 개인이 이어받은 유산을 증가시키고 변화시킬 수 있는 창조적인 보충에 있다. 생철학은 다음과 같이 강조하며, 그리고 그것은 또한 그의 입장에서는 아주 정당하다. 즉 실제의 내적인 동화활동의 모든 업적은 필연적으로 이미 어떤 창조적인 증보를 의미하며, 이전의 업적을 내적으로 개조함이 없이 그대로 적용한다는 것은 있을 수 없다는 것이다.[2] 창조적인 것이라는 개념이 생철학의 역사 이해에 있어서 지배적인 사상을 형성하고 있다. 그리고 이 개념으로써 역사적인 제약의 좁은 영역은 예기할 수 없는 새로운 가능성들의 자유로운 무대로 다시 열려진다.

그러나 이 창조적으로 증가되고 변화되는 삶의 환희는 진정한 실존의 무제약적인 성격을 실존철학적으로 적시할 때에 사라져 버린다. 사람들이 창조적인 것 속에서 역사성의 결정적인 계기를 이해하는 한, 아직 어떠한 양식으로든지 세계사상(世界事象)의 발전 혹은 적어도 어떤 적극적인 의미를 믿고 있다. 그리고 사람들은 자기의 삶에 의미를 주는 힘은 삶의 순수한 내면성으로부터 오는 것이 아니라, 순수한 실존에 대립하여 '오직 세계'로서만 존재하는 것으로부터 유래한다고 단정한다. 그러나 실존철학에 있어서는 모든 중점이 물려받은 혹은 스스로 만든 내용이 '무엇'인가로부터 동화하는 노력 자신이 '어떠'한가로 옮아간다. 언제나 오직 상대적인 내용과는 관계없이 오로지 동화하는 노력 자체의 과정이 무엇보다 중요하다. 이 동화하는 노력에서 현존재는 이어받은 가능성의 무조건적인 압력에도 불구하고 최후의 확고한 태도를 얻는다.

그러므로 생철학의 역사 입장이 인간 속에서 무엇보다 스스로 자기의 현실을 만들어 내는 창조적인 원천을 보았다고 하면, 실존철학은 오로지 이미 주어진 어떤 역사적인 현실 속에 있는, 또 이 역사적인 현실에 대한 태도에만 주목한다.

3 반 복

정신적인 내용에 대한 물음에 있어서는 많고 혹은 적은 것, 혹은 다른 것이 논의될 수 있다. 이에 반하여 인간의 가장 내면적인 마지막 핵심으로서의 실존의 본질에는 다음과 같은 사실이 가로놓여 있다. 즉 여기에는 모든 내용적인 차별과 따라서 모든 변화 및 진보가 그들의 의미를 잃어버린다. 모든 인간의 최후적인 결심 속에, 이를테면 죽음에 대한 태도 속에, 결단하는 능력 속 및 무조건적인 헌신을 하는 능력 속에 어떤 자부심은, 즉 이런 것들을 역사적으로 그 이전 시대에 가능하였던 것보다 더욱 완전하게, 혹은 좀 다르게 수행하려는 자부심은 있을지 모른다. 그러나 실존적인 것 속에는 결코 진보가 있을 수 없고, 이 결심이나 과제들은 다같이 각 세대와 직접 대립한다. 여기에 역사의 흐름과는 관계없이 시간을 떠나서 변치 않고 남아 있는 어떤 무제약적인 것이 주어져 있다. 이것은 누구보다 키에르케고르에 의하여 가장 날카롭게 언명되었다. "한 세대가 비록 다른 세대로부터 무엇을 배운다고 하더라도, 그 본래의 인간성을 한 세대가 그에 선행하는 세대로부터 배우지는 않는다. 이러한 관계로 각 세대는 시초로부터 시작하며, 모든 선행하는 세대보다 어떤 다른 과제를 가지지 않으며, 자기 과제에 충실하였고, 자신을 속이지 않았던 어떤 지난 세대보다 전진하지도 않는다. ……이와 같이 한 세대는 다른 세대로부터 습득한 것을 좋아하여서는 안 되며 이러한 점에서 한 세대는 과거보다 다른 어떤 지점으로부터 출발할 수 없다. 한 세대는 결코 그 이전의 과제보다 적은 과제를 가지지 않는다. 그리고 만일 사람들이 여기에서 선행하는 세대와 마찬가지로 그 이전의 과제에 머물러 있으려고 하지 않고, 그것을 묵과하려고 한다면, 이것은 오직 어떤 쓸데없는 어리석은 이야기이다."〔Ⅲ 114면〕 이와 같이 모든 근원적인 삶의 연관에 관하여 타당되는 것은, 좁은 의미에서 실존적이라고 불리는 영역에도 개별적으로 적용된다. 그리고 일반적으로 여기에서 키에르케고르가 신앙의 정열에 관하여 가장 날카롭게 언명하고 있는 것이 타당된다. "여기에서 한 세대가 선행하는 세대보다 어떤 다른 지점에서 시작하지는 못한다. 한 세대가 앞에 있는 세대들과는 다르게 출발하지 못한다. 한 세대는 그 이전의 세대가 그의 과제에 충실하고 그 과제를 묵과하지 않는 한, 그 이전의 과제보다 전진할 수 없다."〔Ⅲ 115면〕

　이와 같이 실존적인 것 속에 진보가 배제되어 있다고 하면, 유산 속에 주어져 있는 과제에 대한 실존적인 관계는 (좀더 구체적으로) 주어져 있는 어떤 실존 가능성의 반복(Wiederholung)이라고 규정된다. 실존적으로 동화한다는 것은 동화된 것을 반복하는 것이다. 처음으로 키에르케고르에 의하여 중심적이 된 이 개념 속에 역사적인 과제에 대한 실존철학적인 해석이 압축되어 있다. 이러한 의미에서 하이데거는 다음과 같이 명백히 단정한다. "반복하는 것은 명확하게 물려받는 것이다."〔SuZ. 385면〕 이러한 의미로 야스퍼스도 과거의 위대한 철학자들에 대한 실존적인 관계를 다음과 같이 규정한다. 즉 거기에는 결코 '새로운 근원으로부터 변경'은 없고, 오직 재건과 반복이 있을 따름이라는 것이다.〔Ⅰ 287면〕

그러므로 반복은 이전에 있었던 실존적인 가능성을 각 개인의 마음속에 새로이 실현시키는 방법이다. 각 개인의 업적은 그 내용의 증진이나 변경에 있는 것이 아니고, 그가 동화하는 노력의 강도(强度)에 있다. 이러한 까닭으로 이 업적의 순수성은 어떤 개인적인 독창성에 증명될 필요는 없고, 이와 똑같은 정당성으로 일반적인, 즉 전형적으로 되풀이하는 형식들에서도 증명될 수 있다. 동화될 실존 가능성이 이미 어떤 공통적인 것으로서 있다는 사실에 의하여 각 개인의 특이성이 제거되거나, 받아들이며 깊이 동화하는 노력의 업적이 감소되어지는 것은 아니다. 도리어 이러한 실존철학적인 통찰을 토대로 하여 비로소 각 개인의 어떤 공통적인 문제를 성실히 분담하는 노력을 이해하는 길이 열린다.

이와 동시에 실존철학에서 의미하는 반복은 니체가 말하는 '영원한 회귀'의 의미와 엄밀히 구별된다. 거기에서는 모든 개개의 사정들을 동반하는 객관적인 현실이 나타나는 토대인 온갖 생성과정의 순환이 문제인데 반하여 여기에서는 인간 자신에 의하여 수행될 실천이 문제다. 거기에서는 반복이 천체들의 회전에 비할 수 있는 일정한 간격을 두고 일어나는데 반하여, 여기에서는 각 개개의 순간에 실천되어야 하는 어떤 사건이 문제다. 루타아의 저서에 있어서 "늙은 아담은 매일의 참회와 속죄를 통하여 정화되어야 하며, 매일 매일 다시 새로운 인간이 소생하여야 한다."는 것과 아주 비슷하게 실존적인 반복에 있어서도 객관적인 생성과정의 영역에서는 체험할 수 없는, 그리고 실존으로 하여금 그의 근원적인 가능성으로 돌아가게 하는 어떤 사건이 문제다.

그러나 실존적인 것 속에는 반복만이 있다는 주장이 성립되듯이 반복은 실존적인 것 속에만 성립된다는 주장도 타당하다. 이러한 의미에서 키에르케고르는 이미 그의 저서 속에서, 반복은 실존적인 것 속에만 있고, 외적인 삶 속에는 없다는 요지로 반복을 자세히 전개하였다. 외적인 삶은 앞으로 달린다. 그 속에는 변화와 발전이 있다. 그리고 실존이라는 개념으로서 불리는 저 최후적인 내면성의 영역 속에 비로소 반복이 있다. 그러나 삶 속에서 양자는 결합되어 있는 까닭에, 즉 실존활동은 언제나 역사적으로 규정된 형식 속에서 수행되는 까닭에, 여기에서 양자는 어떤 분리할 수 없는 사건 속에서 서로 침투하고 있다. 반복은 이어받은 내용들을 그대로 반복하는 것이 아니라, 그 속에서 실현된 실존을 다시 부활시키는 것이다. 따라서 내용들의 영역 속에 가로놓여 있는 것은 실존이 아니고 오직 삶뿐이다. 그리고 여기에는 처음부터 끝까지 변화가 있다. 이 내용들 속에서 표현되는 최후적인 것, 즉 실존적인 것 속에만 반복이 있다.

그러므로 엄밀한 실존적인 의미에 있어서의 반복은 외적인 현상의 어떤 변화를 배격하지 않는다. 오직 그러한 변화에 대하여 무관심할 뿐이다. 또 그것으로부터 그의 고유한 의미를 이끌어 낼 수 없다. 이러한 의미에서 하이데거는 반복이라는 개념을 역사에 대한 한층 더 포괄적인 이해라고 하였다. "가능성 있는 것의 반복은 과거의 것을 다시 가져오는 것도 아니요, 현재를 지나쳐 버린 것에 다시 매어 두는 것도 아니다. 어떤 결단된 자기 계획에서 우러나오는 이 반복은 과거의 것에 설복되어서, 이전에 현실적인 것이었던 이 과거의 것을 오직 되풀이시키려는 것이 아니다. 도리어 반복은 이전부터 있어온 실존의 가능성을 갚는다. ……반복은 과거의 것에 자리를 떠맡기는 것도 아니요, 그 진보를 꾀하는 것도 아니다. 이 두 가지는 이 순간의 진정한 실존에 있어서 중요하지 않다."〔SuZ. 385면 및 다음 면〕

그러므로 반복은 실존적으로 속 깊이 뚫고 들어가는 형식이며, 이 형식 속에서 현존재는 미래나 혹은 과거로 도피하는 모든 경향을 버리고, 그의 온갖 힘을 현재의 이 순간에 집중한다. 이러한 방향에서 여러 가지로 아우구스티누스로부터 인용된 것을 연상하게 하는 키에르케고르의 다음 주장들이 이해된다. 여기에서는 지금 단순한 정관적(靜觀的)인 태도 대신에 현재의 생생한 기능이 반복으로서 나타난다. "오직 희망 속에서 현재를 뛰어 넘으려고 하는 사람은 기가 약하다. 오직 추억 속에서 현재를 잊으려고 하는 사람은 향락적이다. 반복하는 용기를 가지고 현재 속에서 살아 나가는 사람이 참다운 남자다. 그가 이것을 명백히 깨달을수록, 더욱더 깊어진다……. 오직 반복을 선택하는 사람만이 산다.……반복은 진정한 현실이요, 현존재의 성실이다. 반복을 바라는 사람은 성실하게 되어 있다는 것을 표명하고 있다."〔III 120면〕

그러므로 반복은 어떤 달리 되었을 현재를 다시 바꿔 놓기 위하여 과거의 회고 속에서 사는 것이 아니고, 어디까지나 철저히 현재 속에서 산다. 그 결과로 반복에 대한 시간의 변천은 일반적으로 아무런 의미도 가지지 못한다. 순수한 실존이 도달하는 한, 시간의 지배는 좌절한다. 그리고 오직 순수한 동시적인 것 속에서 직접적인 서로의 포옹이 있을 뿐이다. 따라서 반복 속에서 새로 실현될 것은 시간 속에 있는 어떤 과거의 것이 아니라, 인간적인 실존 활동의 어떤 영원한 가능성이다.

4 영웅적인 태도

순수한 '반복'으로써 수행되는 이 결단 속에서, 실존철학은 역사적인 의식을 해체하여 버리는 상대주의에 그 자체로서 대항할 수 있는 확고한 지점에 도달하였다. 역사적인 삶의 모든 내용이 무상한 것으로 증명된다 하더라도, 그리고 인간적인 삶의 모든 목표와 평가들이, 민족이 다르고 시대가 다르면 달라진다고 하더라도, 어떤 자연적으로 밖으로부터 주어진 상황의 테두리 안에 있는 이 무조건적인 헌신 속에는 어떤 최후적이며 절대적인 가치가 가로놓여 있다. 이것은 역사적인 처지나 목표 설정들의 상대성을 초월하여 있다.

이것으로써 관념주의적이며 생철학적인 역사관에 대하여 하나의 근본적인 전향이 수행되었다. 이 역사관은 역사를 그의 객관적인 경과로부터 고찰하였으며, 각 개인의 관여도 각 개인이 역사의 흐름에 흡수되며, 또 지속적인 일원으로서 그 흐름 속에서 활동을 계속하는 한에서만 고려하였다. 모든 객관적인 역사의 해석은 인간의 행위는 오직 그 남아 있는 성과에 의하여 그의 의미가 주어진다고 볼 수 있었다. 따라서 이 해석은 필연적으로 각 개인의 주체적인 헌신이 지니는 진정한 의의를 간과하게 되었다. 이 진정한 의의는 반대로, 실존철학이 객관적인 경과로부터가 아니라 역사에 대한 인간의 주체적인 태도를 기초로 하였을 때에 비로소 명료해질 수 있었다. 대체로 이전에 전개하였던 세계에 대한 인간의 긴박한 관계가 지금 역사적인 현실에 대하여 좀더 날카로운 형식으로 반복한다. 세계가 불안스럽고 그 속에 있는 인간의 지위가 불안전하다는 사실이, 동시에 역사에 대한 새로운 관계를 마련한다. 이 관계에 있어서는 인간의 행위는 처음부터 객관적인 역사 진행에 의하여 일정한 의미가 보장되어 있는 것으로 생각되지 않으며, 그것은 아직 결정되지 않은 미래의 어둠 속으로 뻗쳐 들어간다. 인간의 삶이 순수한 모험으로 된 이제야 비로소, 뒤에 오는 성공 혹은 불성공에 관계 없는 무조건적인 헌신의 최후적인 의미가 명료해진다. 그제야 비로소 역사에 대한 인간의 관계 속에서 어떤 새로운 위대함과 엄숙함이 드러난다.

이것은 필연적으로 어떤 영웅적인 태도로 통한다. 하이데거에 있어서 '무 속에 진입되어 있는 상태'로부터 나타난다고 하는 '대담한 불안'은, 위험과 파멸의 가능성을 잘 알면서 실존적인 헌신의 모험을 감수하는 역사에 대한 실존적인 관계도 아울러 설명한다. 이러한 점에서 프랑스의 실존주의 속에 다시 '참여(Engagement)'라는 개념이 등장한다. 이 개념은 그의 기능에 있어서 하이데거의 결단이라는 개념에 깊이 대응하며 우리는 이것을 곧 '헌신'이라는 말로 잘 번역할 수 있다. 따라서 사르트르도 아주 비슷한 의미로 다음과 같이 표현하였다. "중요한 것은 오직 전면적인 헌신뿐이다." 거기에서는 참여라는 개념이, 직접 정치적인 행위에서 유력하게 된 어떤 정열적이며 행동주의적인 윤리의 기초로 되었다. 그러나 여기에서 이 결과들은 이 이상 추구될 수 없다. 우리가 독일에 있어서의 발전만을 논하기로 한다면, 이 문제에 있어서는 야스퍼스가 가장 깊이 들어갔다. 그는 영원히·남을 수 있는 성공이 가능하다는 것을 부인하며, 모든 실존적인 헌신의 필연적인 종말은 난파라고 하는 하나의 비극적인 세계상을 전개한다. "역사의 암호는 자기의 고유한 것이 난파한다는 것이다."〔Ⅲ 183면〕 "자기의 고유한 것은 세계 속으로 뛰어들어감과 동시에 드러나며 그것이 실현되는 순간에 소멸한다."〔Ⅲ 227면 및 다음 면〕 이와 같이 여기에서 난파는 최후적인 것이다. 사람들이 실존적인 순간의 무조건적인 엄숙을 난파라고 해석하여야 하는가 아닌가를 미결로 남겨 둔다고 하더라도, 역시 각 실존적인 헌신에 있어서 난파가 가능하다는 것과 그 종막을 절대로 알 수 없다는 것은 움직일 수 없다. 하이데거가 말하는 '감춰져 있으며 불확실한 것, 즉 의문적인 것 속에 온통 벌거숭이로 내던져져 있는 상태'[4]에 직면하여 이 의문스러운 것을 의식적으로 받아들이는 어떤 용감히 결단하는 태도가 나타난다. 그러므로 하이제는(비록 이미 어떤 다른 근본적인 태도에서이기는 하지만) 다음과 같은 결론을 내린다. 그런데 사실에 있어서 이미 이 결론은 실존철학의 발단 속에 일정한 가능성으로서 들어 있었다. "항상

존재와 혼돈 앞에 세워져 있는 실존이 더욱더 굳은 결심과
용기로 존재 속에서 견뎌 나가려고만 하는 까닭에, 하나의
근본 가능성인 몰락을 기대하는 까닭에, 진정한 실존은 영
웅적·비극적 실존이다.”[5]

5 역사의 형상

　우리는 간단히 인간의 역사성에 관한 이 해석과 함께 동
시에 객관적인 역사에 관한 명확한 해석도 주어져 있다는
것을 끝으로 암시할 수 있다. 이 해석은 니체가 말하는 ‘기
념비적인 역사’의 모습과 많은 점에서 일치한다. 단독적인
인간에 있어서 오직 희소한 본래적인 실존의 순간만이 비
본래적인 현존재의 긴 경과로부터 두드러지게 뛰어나듯이,
초개인적인 역사에 있어서도 모든 항구적인 존립과 모든
창조적인 발전은 실존적인 위인의 절대성에 완전히 압도된
다. 이 실존적인 위인은 외로운 섬 속에서처럼 적고 드문
구현자(具現者)들 속에서 여타의 역사 흐름의 평범으로부
터 두드러지게 뛰어난다. 니체는 이 위인을 “몇 천 년을 통
하는 인류의 연봉(連峰)에 비한다.”〔Ⅰ 296면〕

　그러나 역사의 개별적인 위대한 사람들 사이에는, 개별
적인 인간의 삶 속에서 개개의 실존적인 순간 사이에 있어
서 그러하듯이, 시간적인 차이에서 오는 간격이 있을 수
없다. 그들은 서로 분리시키는 시간적인 간격을 넘어서서

직접 동시성을 매개로 하여 서로 면접한다. 그들은 산봉우리들처럼 서로 분리시키는 계곡을 넘어서 서로 인사를 한다. 왜냐하면 시간이나 이 시간을 기초로 하고 있는 것은 여기에서 조금도 중요하지 않은 까닭이다. 그러므로 니체는 '세대의 변천과 무상(無常)에 대한 항거'를 의미하는 '모든 시대의 위인은 동질이며 연속적인 것'〔Ⅰ 297면〕이라고 말한다. 이리하여 이 위인의 항구적인 영향이 역사 속에 있으며, 이것은 언제나 시간을 통하여 파급되는 여타의 역사적인 영향과는 다르다. 서로 분리시키는 시간을 넘어서 과거의 실존으로부터 직접 새 실존에 점화될 수 있다. '오직 위인을 길이 살게 하는, 기념비적인 역사의 어려운 횃불 계주(繼走)'〔Ⅰ 296면〕라고 하는 니체의 위대한 상징은 이 전후 연결이라는 점으로 야스퍼스에 의하여 환영되며, 인상 깊게 옹호된다. 그러므로 철학 속에 있는 전후 연결에 관하여 다음과 같이 말한다. "사람이 철학하는 한, 그는 탐구하는 인간들의 자유 속에서 남몰래 환히 보이는 연쇄와의 연관 속에서 ……라는 것을 깨닫는다. 그 연쇄의 빛나는 고리들은 드문 위대한 철학자들이다. 그들의 신봉자를 요구하지 않는, 아니 그것을 문제삼지 않는 드문 철학자들……. 그 횃불은 다음 사람에게 넘겨진다. 그는 이것을 자기 손으로 잡는다. 그리고 최후에 가서는 겨우 불티만을 가지고도 달음질을 계속한 것이다. 그 다음 사람이 그것을 점화하여 밝은 화염으로 만들기까지."[6] 그러므로 그는 막스 베버의 인물평을 다음과 같은 말로써 마친다. "그는 난파하면서 횃불을, 즉 자유의 자유를 전달한다."[7]

이것으로써 역사적인 전통에 대한 각 개인의 지위도 결정되어 있다. 무엇보다 실존적인 상호 관련이 요긴한 이상, 시간적인 지속에서 발전하고 있는 역사의 진행은 중하지 않게 되며, 이 진행에서 유래하는 역사적인 차이들에 몰두하는 것은 근거 없는 호기심의 장난으로 보인다. 실존적으로는 현재의 현존재와 접촉하고 있는 드문 구현자들만이 중요하다. 그렇다. 이 면접의 순수성을 시험하는 시금석으로 되는 것은, 이 면접 속에 있는 모든 역사적인 차이가 대수롭지 않는 것으로 사라져 버리고 과거의 가능성이 현재의 가능성으로 반복될 수 있다는 것이다. 이것이 키에르케고르가 그리스도와의 관련 속에서 전개한, '사람의 손을 거친 제자'는 없다는 주장의 깊은 뜻이다. 이 위대한 구현자들은 그들의 역사적인 배열로부터 벗어나서 서로 마주 접근한다. 그리고 그들이 전달하여야 할 것은 어떤 내용상 서로 다른 무엇이 아니고, 서로 다른 형식들 속에서 나타나면서 그 본질에 있어서 항상 서로 같은 참다운 실존으로서의 초대뿐이다. 각 개인은 과거의 실존이 남겨 놓은 증언으로부터 위안을 받는다. 이 위안을 니체는 기념비적인 역사의 결정적인 이득이라고 강조한다. "일찍이 인간의 개념을 더욱 넓게 확장하고 더욱 아름답게 완성시킬 수 있었던 것은 이것을 영원히 수행할 수 있기 위하여 영원히 존

재하지 않으면 안 된다."〔Ⅰ 296면〕

주

1. K. 야스퍼스에 관한 나의 시론 ≪실존철학과 역사≫ 독일 철학잡지 제
   11권 (1938년).
2. ≪독일 계간 잡지≫18(1940년)에 실린 나의 논문을 참고하라. 이 글
   은 나의 저서 ≪이해≫(1949년)에 현재 수록되어 있다.
3. 사르트르의 ≪실존주의는 휴머니즘이다≫(1946년), 62면.
4. 하이데거 ≪독일 대학의 자기주장≫(1933년), 12면.
5. 동서(同書) 342면 및 다음 면.
6. K. 야스퍼스 ≪이성과 실존≫(1935년), 105면.
7. K. 야스퍼스 ≪막스 베버≫(1931년), 78면.

XIV 실존철학의 한계

1 실존철학의 새로운 발전에 대한 전망

시간성과 역사성을 파악함으로써 실존철학의 모습이 완전하여진다. 이들 속에서 비로소 실존 개념이 아주 엄밀하게 드러난다. 이 실존철학의 모습을 될 수 있는 대로 가장 순수하게 전개하려고 하는 것이 지금까지의 서술의 목적이었다. 그런 까닭으로 서술해 오는 동안 여러곳에서 들고 일어났던 모든 비판적인 이의들은 제외되었을 뿐 아니라, 바로 실존철학 내부에서 근원적인 지반을 넘어서 돌진하였던 모든 새로운 발전들도 고려되지 않았다. 여기는 순수한 실존철학이 이미 개별적인 실존철학자들에 의하여 각각 서로 다른 형이상학의 방향으로 발전되었다는, 이미 처음에 언급된 사실이 곁들어 있었다. 뿐만 아니라 여기에서 기초가 되며, 실존철학에서 중요한 저서들이 나온 뒤에도 그들의 사상을 더욱 발전시켰으며 아마 앞으로도 발전시킬, 아직도 생존하여 전진하는 철학자들에 대한 어려운 문제가 여기에 곁들어 있다.

하이데거가 쓴 크고 체계적인 새 저서는 물론 아직도 없다. 그리고 지금의 원본에 미비한 《존재와 시간》의 제1

부도 최신판에서 알리는 바에 의하면 그 출판이 기대될 수 없다. 그러나 그 대신에 많아져 가는 적은 저서들 속에서, 특히 그의 ≪횔데를린≫에 관한 연구들과 ≪숲속의 길(Holzwerge; 1950)≫에 실린 논문들 속에서, 그 철학적인 근본 견해들의 결정적인 변화의 윤곽이 뚜렷이 드러난다. 당분간 확정적인 증언이라고 말할 수 있는 것은 좀 늦게 출판된 1935년에 지은 ≪형이상학의 입문≫과 이미 언급한 바 있는 ≪휴머니즘에 관한 편지≫다. 그러나 이 서술들은 여러 가지로 아직도 묘사에 있어서 불명한 형식을 띠고 있으므로, 분명히 그의 철학의 근본적인 토대에 관계하는, 이 변화들의 근거와 영향에 대하여 오늘날 아직도 그 명확한 통찰은 거의 허락되지 않는다.[1]

야스퍼스에 있어서도 1635년에 나온 ≪이성과 실존≫에 관한 그의 저서의 이름이 이미, 실존철학에서 매우 엄격히 구별되는 이 모순되는 두 가지를 극복하려는 노력을 표명하고 있다. 물론 이 노력은 이미 주저 속에서 유력한 것으로 되어 있다고 지적된다. 그러나 어쨌든 이 노력은 순수한 실존철학의 근원적인 입장을 넘어서게 한다. 그리고 바로 이 ≪이성과 실존≫에서 처음으로 전개된 ≪포월자(包越者:das Umgreifende)≫의 이론은, 그 사이에 제1권이 출판된 그의 ≪철학적인 논리학≫[2]이 나오게 된 터전을 이루고 있다. 그러므로 여기에서 실존철학의 첫 발단에 있어서는 철저히 제외되었던 이성을 깊은 이해를 통하여 다시 동화하려는 새로운 과제가 아주 명확히 드러나 있다. 이리하여 야스퍼스는 아주 명확하게 다음과 같이 강조한다. "참다운 이성을 실존 자신 속에서 새로이 확증하려는 것이 오늘날의 과제다."[3]

한편으로는 주어진 기초들을 전개하여 나감으로써, 또 한편으로는 그들과 비판적으로 대결하여 나감으로써 야스퍼스와 하이데거에 접선되었던 한 줄기의—여기에서 일일이 인증할 수 없는—풍성한 문학과, 아울러 특히 한스 립스(Hans Lipps)에 의한 실존철학의 전연 독창적인 전개가 여기에서 주목된다. 이 독창적인 전개 속에서 실존철학에 관하여 새로운 가능성들이 밝혀졌다. 특히 그의 ≪인간의 천성(Menschliche Natur)≫[4]은 이 새로운 발전을 비로소 명확한 행태로 드러나게 하는 노력의 중점이 되었다. 이 책의 심각한 분석에서 인간적인 현존재의 새로운 측면이 밝혀졌을 뿐 아니라, 거기에서 동시에 그 근본 기초 자체도 훨씬 변하여졌다. 여기에는 예를 들면 수치(der Scham)는 실존철학의 초기에서 말하는 불안과 매우 흡사한 기능을 가진다. 이 수치를 통하여 의식을 실존적으로 이해하는 아주 새로운 길이 열린다. 이와 동시에 불안은 참다운 실존으로 인도할 수 있는 유일한 길이라는 특수한 지위를 잃게 되며, 이리하여 실존의 이해를 전체적으로 달라지게 하는 새 가능성들이 나타난다. 다른 한편으로 새로운 실존적인 근본 개념으로서의 태도 결정(die Haltung)은 좀 다른 양식으로 하이데거가 말하는 결단의 기능을 받아들일 수 있으며, 그 결단에서는 점과 같은 순간으로 제한된 것을 다소 신체적·정신적인 지속 상태의 연속적인 것으로 옮겨 놓을 수 있다. 일반적으로 본래성과 비본래성의 대립은 영역적으로 분리되어 있다는 인상을 더욱 잃게 되고, 그것은 인간 전체를 관통하는 하나의 긴장 상태로 된다. 이 긴장 상태는 지금까지 아주 비본래성의 영역에 처박혀 있는 것으로 보였던 자연적인 현존재도 함께 포섭할 수 있다. 립스가 일반적으로 실존이라는 개념을 엄밀히 과거 실존철학의 용어에 따라서 사용하지 않고 어떤 자유로운 형식으로 구사하고 있다는 사실도 위에서 말한 것과 관계된다.

여기에서 종래에 실존철학에서 넘을 수 없는 것이라고 평가되었던 생철학에 대한 대립이 극복될 수 있는 깊은 토대가 확립되어 있는 것같이 보인다. 이와 동시에 종래에 실존철학의 발전을 통하여 낡아 버린 것으로 보이던 생철학적인 문제 제출이 어떤 새로운 중요성을 가지게 되며, 다시 현대의 철학적인 상황의 긴박한 관계들 속에서 직접 들어오게 된다. 이 공동적인 목적 추구의 방향 속에 특히 리프스의 《해석학적인 논리학》[5]에 대한 연구들이 자리잡고 있다. 여기에서 그는 전통적인 논리학에서 완성된 것으로서 인정된 논리학적인 형식들의 근원을 언어 활동의 구체적인 상황으로부터 추구하였으며, 이 논리적인 발단이 더욱 발전하여 하나의 언어철학[6]으로 되었다. 예를 들면 언약(言約=Versprechen)이라는 현상 속에서 언어철학의 대상과 인간이 자기 완성을 하는 실존적인 과정 사이에 있는 깊은 연관이 부정할 여지없이 해명되어 있다.

지금까지의 실존철학의 형상이 릴케나 카프카와 같은 문예가들에 의하여 확충될 수 있었으며, 이리하여 비로소 하나의 초개인적인 사상 연관의 긴밀한 통일성이 드러나게 되었다. 이와 비슷하게 또 여기에 불안감을 토대로 하여 일어난, 모험적인 것에 대한 현존재의 심정을 창작의 근본되는 터전으로 삼고 있었던 일련의 창작가들이 있으며 다시 그들의 정신적인 세계의 강력한 단결 속에서 내적인 필연성으로 생긴 하나의 공통적인 운동이 일어난다. 여기에는 다시 서로 다른 다음과 같은 사람들이 속하여 있다. 즉 프랑스의 생텍쥐페리(A. de Saint-Exupéry)와 앙드레 말로(A. Malraux) 영국의 로렌스(T.E. Lawrence), 독일의 윙거(E. Jünger)와 다시 다른 양식의 J. 바인헤버(J. Weinheber),[7] 그리고 끝으로 기독교의 신앙을 고백하는 형식들과 무신론이라고 불리는 형식들을 가진 프랑스의 실존주의의 풍성한 발전의 차례에 이른다. 여기에는 샤르트르(J.P. Sartre), 까뮈(A. Camus), 보브와르(S. de Beauvoir), 메를로 퐁티(M. Merleau-Ponty), 마르셀(G. Marcel), 무니에(E. Mounier) 등의—및 여기에서부터 파생적으로 나타나는 새 발전적 가능성들의 모든 범위의 — 철학적 작품과 아울러 문학적 작품이 속하여 있다. 왜냐하면 독일의

전통과 달라서 여기에서는 철학적인 반성과 문학적인 창작
이 똑같은 사람에게 있어서 같은 중요성과 같은 근원성으로
서 수행되는 까닭이다.

이 모든 것으로부터 여기서는 의식적으로 눈을 떼지 않
으면 안 된다. 이 운동은 아직도 계속되고 있으며, 그 결
과는 예측할 수 없다. 여기서는 우선 단순히 실존철학의
처음 단계 속에 한결같이 가로놓여 있는 기초들을 서술하
는 것이 문제되므로, 우선 순수한 아직 변형되어 있지 않
은 출발 지점을 될 수 있는 대로 명백히 제시하여야 했다.
오직 여기에서 목표 삼았던 근원적인 발단의 사정과 한계
에 대한 통찰에 의하여, 동시에 두말 할 것도 없이 꼭 필
요한 지금까지의 근본 기초들의 확장이 충분한 확실성으로
서 검토될 수 있다. 이 경우에 물론 이와 같은 최후적인
비판과 태도 결정은 발전 전체에 관한 매우 완전한 전망으
로부터 비로소 가능하다. 여기에서는 오직 이미 지금까지
의 서술로부터 이끌어 낼 수 있는 몇 개의 근본 특징들을
극히 대강으로 암시할 수 있을 따름이다.

2 실존철학의 역사적인 업적

실존철학과 대결하여 그것을 처음부터 가치 없는 것이라
고 우겨대는 이의가 곧 옆에 맞서 있다. 실존철학은 제1차
대전이 끝난 뒤의 절망적인 시대에, 그 당시 사람을 짓누르

던 어수선한 분위기와 더불어 일어났다. 그리고 모든 것을 휩쓸던 충격의 자취들을 역력히 지니고 있다. 그것이 다시 발현하게 된 것은 프랑스 실존주의 영향을 받아서 제2차세계대전과 그에 뒤이은 우리의 모든 낡은 정신 세계의 총체적인 붕괴에서 오는 결과들이 우리 현존재의 온갖 조직으로 더욱더 뼈저리게 스며들었던 까닭이다(그러나 최근의 형세에 관해서는 아직 말하고 싶지 않다. 그것이 아직 명확하게 드러나 있지 않기 때문이 아니라, 고찰의 범위를 실존철학이 처음으로 나타나게 된 20년간으로 제한하는 까닭이다). 동시에 이 실존철학 전체 속에는 니체 이래로 유럽 허무주의(Nihilism)의 문제라고 불리는 매우 먼 옛날로 거슬러 올라가는 저 위기라는 것이 표현되어 있다. 이러한 이유로 절망적인 처지에서 어떤 단호한 행동을 하는 용기를 가지는 것이 아니라 자기 불행 속으로 헛되이 잠겨 들어가는데 그치는, 방향이 없고 지쳐 빠진, 퇴폐적인 정신의 표현이 실존철학에 불과하다는 의심이 떠오르지 않을 수 없었다. 특히 실존철학에 있어서 무와 불안이 결정적인 의의를 가진다는 사실은 사람들이 실존철학을 단순히 이 연대의 허무주의에 속하는 것으로 보고 그와 함께 부당한 것이라고 판단할 수 있었다는 사정을 이해하게 한다.

그러나 이 해석은 잘못된 것이다. 물론 실존철학의 출현은 이 절망적인 상황을 배경으로 하여서만 정당하게 정신사적으로 명확히 이해된다. 그러나 실존철학은 이 시대의 충격을 오직 반영시키는 단순한 표현이라는 기능으로 이 절망적인 상황에 대응하는 것이 아니고, 그것은 이미 이 운명에 대한 태도이며, 하나의 적극적이며, 독특한 해답이다. 그 당시까지 자명한 것으로 생각되던 가치 체계의 전체가 의심스럽게 되었으며, 인간은 자기 이외에 자신을 의탁할 수 있는 어떤 확고한 것을 가지지 못하였던 시대에 개개의 고독한 실존의 깊은 곳에서 이 전체적인 붕괴 속에서도 그대로 버티고 있는 가장 밑바닥에 있는 최후의 토대가 드러나지 않을 수 없었다. 모든 초개인적인 의무가 그 의미를 잃어버렸을 때에, 실존 자신 속에서 특히 외적인 생성과 아무 관련을 가지지 않는 최후적인 발판이 발견되지 않을 수 없었다. 이러한 처지에서 비로소 키에르케고르의 유산이 현실적으로 생생하게 동화될 수 있었다.

그러므로 실존철학은 이를테면 무의미하게 되어 버린 외부 세계가 최후적으로 의존할 피난처다. 그리고 이러한 사정으로부터 비로소 실존철학의 많은 특성들이 정당하게 이해된다. 이 점에서 실존철학은 실제로 독특한 역사적인 상황과 밀접한 관계를 가지며, 이러한 역사적인 상황 속에서 실존철학은 경시될 수 없는 독특한 의의를 가진다. 그러나 실존철학은 최종적인 해결일 수는 없다. 왜냐하면 인간은 언제까지나 그의 최후적인 내면성 속에 침잠할 수 없으며, 세계를 엉클어진 상태대로 내버려둘 수는 없는 까닭이다. 인간은 적어도 세계를 다시 충분히 의미 있는 질서로써 만들려고 노력하지 않으면 안 된다. 실존철학이 줄 수 있었던 바 인간 속에 있는 최후의 발판은 어떤 형식적으로만 규정될 수 있는 무엇이다. 여기에 다른 모든 것이 의심되었을 때에도 그것은 흔들리지 않았던 이유가 있다. 그러나 동시에 삶의 새로운 건설을 시작하여야 한다면, 새로운 내용적인 규정들이 반드시 요구되는 이유가 여기에 있다. 이와 동시에 이 철학에 있어서도 그 이전의 많은 주장들의 근거를 허물어뜨리게 하였던 바와 동일한 상황이 주어졌다. 그리고 실존철학의 위기로부터 다시 벗어나올 과제가 생기게 되었다. 그것은 실존철학의 지금까지의 근원들을 광범하게 넓히거나 변경하는 데 있을 수도 있고, 필요하다면 실존철학 일반으로부터 이탈하는 데 있을 수도 있다.

　이와 같이 실존철학이 역사적인 의미에서 수행하였던 업적은 매우 중대하며, 또 조금도 과대하게 평가될 수 없다. '근세'의 철학이 결국 뿌리를 박고 있는 시민적·계몽적인 조류로부터 벗어나려는, 키에르케고르와 니체로부터 시작되는 노력, 그러나 그들에 있어서는 아직 고립되어 있었던 이 노력이 실존철학에서 비로소 완전히 실현되며 여기에서 비로소 하나의 역사적인 힘이 된다. 그러므로 이 실존철학은 새로 얻어진 하나의 역사적인 태도를 의미하며, 이 새로운 태도는 어떤 추상적인 철학의 형식으로 다시 퇴보하지 않는 이상 다시 포기되어서는 안 된다. 이를테면 실존철학은 철학의 어떤 최후의 무제약적인 것에 도달하는 유일한 길이 통해 있는 관문을 의미한다. 이 관문으로서 사람들은 이 경우에 이미 도달된 어떤 종점이라고 생각하거나, 혹은 어떤 철학 활동이 새로 시작되는 시대의 시발이라고 생각할 수 있다. 그러나 이 문제는 결국 아무런 소득이 없다. 사람들이 실존철학을 그 속에서 모든 철학적인 문제들이 해답되어 있는 어떤 철학의 완성된 전체라고 생각하였을 때에 이미 그것은 낡아 버렸다. 완성된 철학이라고 본다면 실존철학은 역사적인 위기라는 어떤 각도에서의 상황의 표현이다. 그러나 실존철학에서 그의 요구를 지나치게 확대한 부분만이 무상(無常)하다. 그러므로 서술에 있어서 실존철학은 필연적으로 그리고 그의 모든 여러 형식을 통하여 자기 자신을 넘어서 밀고 나간다는 사실을 직시하는 것이 매우 중요하였다. 사람들이 현재에 이르기까지를 전망할 수 있는 한, 삶을 떠난 객관주의로 다시 돌아가려고 하지 않는 모든 철학의 필연적인 계기로서 실존철학을 인정하지 않으면 안 된다. 그것은 최후의 어떤 무제약적인 것의 필연적인 표현으로서 길이 존속될 것이다.

3 실질상의 성과

그러나 역사적인 고찰은 실질상의 근거에 관해서 아무것도 말하지 않는다. 실존철학이 그의 시대에 대하여 가지는 의의와는 별도로 실질상의 성과가 있다. 그것은 실존철학이 앞으로 발전하더라도, 아니 그것이 변할 때에도, 길이 존속되지 않으면 안 된다. 그리고 이 성과는 두 가지 방향으로 가장 잘 평가된다. 그 하나는 실존철학에 의하여 이루어졌던 '영역상의 확대'다. 이를테면 실존철학은 새로운 영토들을 얻어 놓았다. 그것은 이미 알려진 영역을 어떤 전연 새로운 측면에서부터 보게 하였으며, 이와 동시에 전연 새로운 영역들을 비로소 철학적으로 파악하게끔 개시하였다. 실존철학이 끼친 실질상의 공헌은 확실히 크다. 이 책 속에서 다루어진 불안, 죽음, 현존재의 불안감, 시간성 및 역사성 등의 문제들은 이 영역을 오직 최초의 소박한 모습들에 의하여 대강으로 그려 낼 수 있었을 따름이다. 그후에 발전함에 따라서 더욱 많은 내용들이 더욱 새로이 덧붙게 된다.

그러나 여기에 또 실존철학의 다른 의의가 나타나게 된다. 그것은 실존철학이 다시 철학적인 태도로서 가능케 하였던 새로운 무제약성에 의한다. 이 측면은 역사에 대한 관계에서 가장 명백히 드러난다. 특히 실존철학은 현대의 역사적인 의식을 통하여 불가피하게 주어졌던 모든 역사적인 현상 양식들의 상대성을 인정하는 동시에 완전한 역사적인 헌신의 무제약성도 다시 회복하는 전향을 가능케 하였다. 실존철학은 인간적인 현존재에 그의 최후적인 불안스러운 위험성을 주는 역사성에 대하여 전연 새로운 이해를 가능케 하여 준다. 모든 내용적인 상대성의 피안에 가

로놓여 있는 무조건적이며 역사적인 헌신의 절대성이 실존
철학을 통하여 비로소 다시 뚜렷하게 되었다.

4 실존철학의 한계

그러나 실존철학의 한계들도 지금까지 여러 가지 형태로
뚜렷하게 드러났다. 이 한계들은 우선—그리고 가장 극단
으로—실존철학에 의하여 성공적으로 논구(論究)된 영역의
테두리 안에서 지적된다. 실존은 오직 자기 초탈이라고 하
는 형식적인 관계에 의해서만 규정되어 있다는 사실로부터
출발하는 것이 가장 이해하기 쉬울 것이다. 이와 같이 인
간의 가장 내면적인 핵심이 되어 있는 실존과 아울러 존립
하는 것은 오직 기계화된 세계뿐이다. 이것은 '기구적인 존
재(das Zuhandene)'와 실존 활동이 부딪쳐 반발하게 되
는 단순한 배경으로서의(소극적으로 규정된) '관상적(觀想
的)인 존재(das Vorhandene)'로 되어 있는 세계다. 이와
같이 품위가 떨어진 이 세계는 필연적으로 모든 그의 고유
한 가치와 의미를 잃어버리게 된다. 이러한 까닭으로 이미
유기적인 자연에 관한 철학은 그의 처음 출발점을 잃게 된
다. 왜냐하면 유기적인 자연은 어떤 고유한 근원으로부터
이해될 수 있다는 데 바로 이 철학의 특색이 있는 까닭이
다. 그리고 마찬가지로 여러 갈래를 내포하는 문화 및 역
사 속에 있는 모든 인간적·정신적인 세계가 없어진다. 그

리고 끝으로 역시 인간의 주관적인 측면 중에서 헤겔에 의
하여 '주관적인 정신'이라고 불리는 심정적(心情的)인 것을
내용으로 하는 삶의 다양한 영역이 없어진다. 이러한 자연
· 문화 및 심정의 영역들이 실존철학에서는 그 존재를 잃
게 된다. 그것들은 비본질적인 것으로서 제외될 뿐 아니
라, 그것들을 그 고유한 본질에 따라서 적절하게 파악할
단서조차 없다. 그러나 다른 한편으로 본다면 그것들을 실
존철학의 요구라고 하여 단순히 버린다고 하면 우리 현존
재의 근본적인 기초들을 배반하는 것이 된다. 그러므로 여
기에서 이미 종래의 실존철학이 설정한 좁은 제한들을 타
파하는 것이 필연적으로 필요하다. 이미 오늘날 자유스러
운 발전의 새 형식들 속에 이것에 대한 시도들이 어느 정
도 있는가 하는 것은 아직 전망하기 어려우며, 또 아마 이
서술의 범위에 속하지 않을 것이다.

　실존철학의 다른 한계는 윤리적인 측면에서 매우 명백해
진다. 역사적인 의식에 의한 상대주의와는 반대로 무조건
적인 헌신이라는 하나의 품성이 발전하게 된다. 이러한 점
에서 실존철학에 있어서는 어떠한 내용의 의문에 의하여서
도 침해될 수 없는 하나의 '절대적인 것'이 달성되어 있다.
그러나 이러한 '절대적인 것'의 주장은 오직 어떤 강력한
전통을 최후적인 배경으로 할 때에만 가능하다. 그리고 이
와 같은 헌신은 오직 그것이 일정한 내용을 가진 신념에
의하여 밑받침되어 있을 때에만 오래도록 참되고 강력할

수 있다. 만일 이 신념이 없고 행위자 자신에게 상대적이라는 느낌이 남아 있다면, 실존적인 태도는 하나의 공허한 모험으로 변형되어 버린다. 이러한 모험은 오직 실없는 인기를 위하여 위험과 투쟁을 추구하며, 이 경우에 그 자체는 그리 중하지 않다. 사실상 실존철학은 이 아슬아슬한 한계 위에 서 있다. 비교 때문에 가끔 인용된 우나무노의 ≪돈키호테≫에서는 이미 이 한계가 초월해 있었다. 그리고 프랑스 실존주의의 새 발전에 있어서는, 특히 까뮈[8]의 '부조리의 영웅'에 있어서는, 적어도 무비판적으로 받아들인다면 어디에나 이와 같은 변형이 매우 접경해 있다. 이미 언급한 바와 같이 여러 가지 점으로 실존철학에 가까운 영웅적·모험적인 삶을 그린 문예의 형식들(생텍쥐페리·윙거 등)에 있어서 일반적으로 그러하듯이 위험과 기탄 없는 헌신에 대한 즐거움은 다시 새로운 형식으로 꾸며진 자기 향락으로 떨어진다.[9] 어떤 문제에 망아적으로 귀의하는 것만이 이러한 위험을 방지하며, 그리고 이것은 다시 어떤 일정한 내용을 가진 신념을 토대로 하여서만 가능하다.

이와 같이 실존철학이 내부로부터 자기 자신을 뛰어넘지 않으면 안 되는 한계가 바로 절망으로부터 새로운 신념으로 옮아가야 한다는 데 있다. 극단의 절망에 찬 위기의 시대에 있어서는 순수한 실존으로 돌아가는 것이 최후의 피난이라고 하더라도, 새로운 현존재의 건설은 오직 새로 얻은 어떤 신념의 힘으로부터 이루어진다. 실제로 키에르케고르의 모든 사색은 확실히 이 신념과 절망의 운동 속에서 돌고 있었다. 다만 그 뒤에 나타난 발전에 있어서 이 근원적으로 양극적인 관련으로부터 '순수한' 실존철학이 분리되었다. 동시에 이곳에서 바로 왜 이와 같은 '순수한' 실존철학이 필연적으로 자기 자신을 넘어서 어떤 새로운 신앙적인 것으로 옮아가지 않으면 안 되는가 하는 이유가 명백하여진다. 이것이 없으면 실존적인 결단 자체는 헛된 모험으로 되어 버릴 것이요, 순간마다의 무조건적인 헌신은 시간적인 연속이 없는, 그리고 성질이 없는 것으로 되어 버릴 것이다.

그러나 똑같은 한계가 실재와의 관계에서도 나타난다. 토대가 되어 있는 모든 객관적인 관련들에 실망하고 그것들을 체념한 뒤에 인간은 오직 자기의 단독적인 실존의 고독 속으로 돌아오게 된다. 이 순간으로부터 둘러싸고 있는 세계의 모든 실재는 없어져 버린다. 그러나 실존 속에서 한번 최후의 발판을 다시 발견한 뒤에는 이 실재를 토대로 하여 인간 밖에 있는 어떤 의미 있고 가치 있는 현실계와의 근원적인 관련을 다시 가지는 것이 매우 중요하게 된다. 이 경우에 이 진정한 '실재와의' 관련은 실증될 수 있는 보편 타당적인 영역에서가 아니라 고유한 그 자신의 헌신 속에서, 그리고 새로 각성된 신앙적인 것을 토대로 하여 얻어진다는 것이 명백하게 된다. 이러한 까닭으로 최근에 마르셀(Marcel)은 기독교적인 토대로부터 그의 근본적인 방향을 전개하였다.[10] 그러나 이러한 고찰들이 어느 정도로 진정한 철학적인 음미에 도달 할 수 있는가는 아직 의문이다.

그리고 또다른 측면으로부터 똑같은 난점이 생긴다. 인간이 실존철학에서 개별적인 실존으로 돌아가게 된다면, 이 과정은 최후적인 자기 순화(純化)와의 관계에서만 이해된다. 그러나 이러한 자신 속으로의 내향(內向)이(실존철학 속에 필연적으로 포함되어 있는 어떤 위험 때문에) 지속적인 상태로서 고집되어질 때에는, 이 내향은 인간이 헛되이 자기 자신에 몰두하는 태도로 변형된다. 그리고 (비록 자칭이기는 하나) 이 이름 밑에서 사람이 자기의 과제에 대하여 공허한 공평과 멸사적(滅私的)인 진력이라는 태도를 가질 수 없게 된다. 전반적인 위급한 사태가 우리를 압도적으로 억누르고 있으며 공통적인 과제들 속에서 어떤 책임 있는 태도 결정이 철학으로부터 요구되는 바로 오늘날 실존철학은 너무나 개인적인 영역으로 도피하게 된다는 사실이 걱정스러운 위험으로서 나타난다. 요컨대 그것은 어떤 너무나 '고상한' 태도를 통하여 인간에 대한 문제가 지나치게 '높이' 평가되는 위험이며, 그리고 잘못 이해될 실존에로의 자각의 촉구는 경제적·정치적인 삶의 실제적인 기반에 대한 관찰을 막아 버리게 되는 위험이다.

그리고 끝으로 다시 한 마디. 지금까지 생철학적인 토대가 실존철학과는 여러 가지로 다르다고 강조되었다면, 이 경우에 실존철학은 요컨대 현대의 합리적인 운동의 테두리

안에 있다. 그러므로 모든 현실적인 것은 오성(悟性)에 의하여 규명될 수 없다는 것이, 실존철학을 처음부터 규정하는 출발점이 된다. 키에르케고르에 있어서 역설이라는 개념, 하이데거의 사실성과 피투성이라는 개념, 야스퍼스의 '현존재의 역사성' 등에서 이성을 다시 동화하는 것이 무엇보다 중요하다.

이 문제에 있어서도 그 단서들은 이미 명백히 알려져 있다. 위에서 말한 야스퍼스의 '포월자(包越者)'에 관한 학설과 그로부터 전개된 논리학 및 논리적인 형식들을 언어 활동을 하는 사람들의 구체적인 생활 상황 속에 있는 그것들의 근원으로 찾아 들어가는 리프스의 노력은 이성과 실존의 대립 사이에 다리를 놓으려는 방향을 걷고 있다.

그러나 동시에 문제는 다시 어떤 다른 방향으로 흐른다. 순수한 비합리주의로부터 만일 그것이 헛된 모험으로 흐르지 않을 때에는, 모든 것을 되는대로 맡기는 순수한 소극적인 태도가 생긴다. 그리고 모험도 어떤 다른 방향으로 오직 무책임을 조장할 뿐이다. 이에 반하여 세계의 질서 있고 조직적인 건설을 아주 단념하려고 하지 않는 사람이라면, 자신의 삶에 대한 책임 있는 설계를 아주 포기하려고 하지 않는 사람이라면, 조금이라도 오성의 힘을 믿지 않고는 배기지 못한다. 그리고 또 이 측면으로부터 이성의 기능을 새로운 토대에 새로이 세우는 과제가 나타난다.[11]
그러나 이것은 원대한 과제들이며 여기에서 나타나는 문제들은 결코 암시될 수 없다. 오직 실존철학의 근본적인 극복이 필연적이라는 것과 그 방향을 암시하는 데 만족하려고 한다.

5 더욱 깊은 기초확립의 필연성과 곤란

이와 같이 여러 가지 측면에서 실존철학에 대하여 아주 확충되고, 이론의 여지가 없는 비판이 나타난다. 그리고 사람들이 우리와 같이 실존철학 속에서 어떤 영원한 가치를 지닌 새싹을 발견하였다고 믿는다면, 지금까지 존재하여 온 실존철학의 형식을 철저히 확충하며 변혁할 필연성이 생기게 된다. 그러나 다시 사람들이 단순히 실존철학의 뚜렷한 업적과 '아울러' 반대 측의 정당성도 함께 포섭하기 위하여 실존철학의 근본 토대들을 보충하고 확장하려고 한다면, 이것은 확실히 문제의 오해일 것이다. 실존철학은 그 자신으로 완결되어 있으며, 그 방법에 있어서 아주 완전하므로, 그의 근본 토대들을 위험하게 하는 어떠한 확장도 허락하지 않을 것같이 보인다. 모든 이론들은 실존적인 인간상의 순수한 형식적인 성격에 대하여 반대하며, 이에 대하여 내용적인 충실화와 이것으로부터 발생하는 인간적인 의무들의 의의를 강조한다. 그러나 반대로 실존철학은 이러한 이론이 그의 독특한 근본 경험들에 대한 이해가 충분치 못하다는 것과, 이 근본 경험 속에 기초를 가지고 있으며 바로 모든 가능한 내용적인 규정들을 상대적인 것으로 떨어뜨리는 실존 개념에 대한 이해가 충분치 못하다는 것을 발견할 수 있다. 이와 같이 이 대립을 극복할 가능성이 있을 수 없다는 것이 거의 확실한 듯하다. 그럼에도 불구하고 사람들이 반대 측의 정당성도 단념하지 않으려고 한다면, 아직도 굽힐 수 없는, 그렇다고 해결될 수도 없는 어떤 불타는 기대의 가능성만은 있는 듯하다.

이러한 점에서 우리들은 모든 내용적인 삶의 해석에 대한 실존철학의 관계는 다음의 비유에서 가장 손쉽게 드러낼 수 있을 것 같다. 즉 너무 센 광선이 밝게 비치면, 눈이 부셔서 그 가까이에 있는 모든 다른 색조들이 어떤 미분적인 어둠 속에서 하나로 엉켜 버리듯이, 그리고 반대로 빛이 가리어지면, 눈이 날카롭게 되어서 주위에 있는 풍부한 색조와 형태의 구분을 인식하게 되듯이, 실존의 체험에 있어서도 그러하다. 이 체험의 무제약성 앞에서는 삶이나 세계의 모든 고유한 규정은 절대적으로 사라져 버린다. 그러나 이것은 모든 고유한 규정이 존재하지 않는다는 것을 의미하지 않는다. 어떠한 사람도 실존으로만 살 수 없고, 언제나 최고로 긴장된 어떤 현존재의 개별적인 순간 속에서만 살 수 있다. 실존이 다시 수그러지고 인간이 자기 삶의 정상적인 관계로 돌아가자마자, 근원적 기반도 다시 드러나게 되며, 이전에 실존의 경험을 통하여 세계와 삶의 내용적인 규정에 속하는 것이라고 무시되었던 모든 것이 다시 드러나게 된다.

이것은 철학에 있어서는 다음과 같은 것을 의미하게 된다. 즉 이제 실존철학은 어떤 더욱 큰 전체의 한 부분으로서 그 전체 속에 포용되므로 실존철학의 근본 토대들을 확충하려는 노력은 그의 개념적인 규정을 끊임없이 새로 발전시키는 것으로서는 성공할 수 없다. 오직 실존에 관한 철학과 아울러 지금 다시 삶과 세계에 관한 어떤 다른 철학이 전개되어야 할 것이다. 이 철학은 삶과 세계를 실존철학에서 제외되었던 내용적인 충실화의 문제 속에서 다루어야 할 것이다. 이 경우에 물론 이 철학은 항상 실존철학과 밀접하게 관계되어 있다. 그러나 그와 더불어 어떤 공통적인 근원을 가지고 있지는 않을 것이다. 또 그와 더불어 어떤 통일적인, 그리고 서로 모순 없는 전체 속에서 함께 나란히 이해될 수도 없을 것이다. 도리어 두 체계 사이에는 넘을 수 없는 모순이 남을 것이다. 그리고 인간적인 현존재 자신 속에 있는 어떤 해소할 수 없는 긴장의 표현인 이 두 체계 사이에 있는 긴장을 끝까지 지속하여 나가는 것이 자못 중요하다.

그러나 이것으로도 만족할 수는 없을 것이다. 적나라한 실존과 내용적인 규정들 사이에 있는 대립을 기초로 하는 이 관계는 제기되어 있는 이론들의 일부에만 적합하고, 다른 부분에 대해서는 문제가 미해결인 채로 남아 있다는 점을 묻지 않기로 한다. 그렇다고 하더라도 이 긴장 관계는 어떤 보다 깊은 통찰이 아직 도래하지 않을 동안에만 사람들을 만족시키는, 또 그동안을 지나면 그릇된 단순화를 면치 못하는 비상 수단으로서만 생각될 수 있을 것이다. 그러나 극단으로 상반되는 이 두 측면 사이에도, 그 어느 한 쪽에 의해서도 전적으로 무시될 수 없는 뚜렷한 상호 관계가 가로놓여 있다. 한편으로는 삶과 세계에 관한 어떤 내용적인 철학이 정당하게 건설될 수 있을 것이다. 물론 이 경우에 이 철학은 동시에 자기의 모든 주장이 실존적인 것에 의하여 상대화될 수 있다는 것을 자신의 체계 속에 받아들인다는 것을 전제하여야 한다. 그러나 이것은 이와 같은 철학의 내용적인 건설에 있어서보다 그것에 대한 철학하는 사람의 내면적인 관계에 있어서 더욱 큰 힘을 발휘할 것이다. 그리고 이것은 총명한 자제(自制)를 통해서 성립될 것이며, 또 모든 그의 주장은 최후적인 것이 아니고 역사적으로 제약된 입장이라는 것, 즉 그와 마찬가지로 가능하며 근본적으로 동등한 다른 견해가 있을 수 있는 상대적인 입장이라는 것을 깨달을 때에 성립될 것이며, 또 최후의 통일은 역시 실존적인 영역에서부터 온다는 것을 깨달을 때에 성립될 수 있다. 그러나 다른 한 쪽으로는 그 자신이 어디까지나 순수한 형식적인 것으로서의 실존에 관한 철학도, 이미 말한 바와 같이 어떤 구체적이며 내용적인 의미 부여와 밀접히 관련함으로써 가능할 것이다. 물론 이 경우에 어떤 무책임한 모험으로 떨어져 버리지 않는다는 것이 전제되어야 한다.

6 앞으로의 전망

그러므로 이제 남은 오직 하나의 가능성은, 실존철학의 좋은 장점들을 살릴 수 있으면서도 그의 숙명적인 여러 한계를 극복하는, 보다 깊은 근원을 줄기차게 찾는 길이다. 그러나 간과할 수 없는 실존철학의 여러 한계를 단순히 검색하는 것만으로는 별로 효과를 거둘 수 없으며, 그것은 기껏해야 문제를 예비적으로 밝히는 의미밖에 가질 수 없다. 그러므로 이것을 가지고 초극(超克)을 위한 구체적이며 건설적인 연구라고 생각해서는 결코 안 된다. 이와 같은 이유로 너무나 오래도록 이러한 예비적인 고찰에 파묻히지 않는 것이 훨씬 유리하다. 그리고 너무나 지나친 어떤 방법론의 신중에 얽매이지 말고, 무엇보다 될 수 있는 대로 편견을 버리고 여기에서 나타나는 새로운 과제들을 직접 문제 삼는 것이 더욱 유리하다.

이와 동시에 사람들은 분석을 진행함에 있어서 다음과 같은 것을 기초로 하지 않으면 안 될 것이다. 즉 실존철학이 고립시켜 놓은 내면적인 고독한 자아를 넘어서, 인간 밖에 가로놓여 있는 현실계와 통하는 어떤 관계를 기대하게 하는, 바로 인간적인 삶의 경험 속에 주어져 있는 근본 태도들을 기초로 하여야 한다. 이미 언급되었던 신념과 아울러 사랑, 보람있는 신뢰, 희망 및 미래에 대한 자신 있는 용기 등은 실존철학에서 소홀하게 다루어졌던, 삶의 이러한 다른 영역을 가장 잘 가르쳐 준다고 할 수 있다. 오직 이 영역으로부터 새 근원을 찾아 낼 수 있으며, 여기에서 새로운 연구 과제의 넓은 영역이 전개된다.

이러한 견지에서 세심한 주의로 결정적인 전향(轉向) 속에서 실존주의를 넘어서는 새로운 운동을, 오늘날 더욱 알려주기 시작하는 모든 전조들을 추적하지 않으면 안 된다. 다만 몇 가지 특히 두드러진 실례들을 추려 본다면, 다음과 같은 것들이 주목될 것이다. 이미 말하였던 말년의 릴케의 새 방향과 이것을 근거로 한 베르겐그륜(Bergengruen)의 '건전한'세계[12]의 발견, 빈스반게르(Binswanger)[13]의 저서에 있는 사랑하는 의식에 의한 세계에 관한 심각한 탐구와 쿤츠(kunz)[14]의 저서에 있는 동경의 심원한 해석, 이미 말한 바 있는 마르셀(Marcel)에서 엿보이는 중대한 새 발단들, 까뮈와 같은 철저한 실존주의자에게서 보는 '지중해적인 사상'에로의 복귀, 생텍쥐페리(Saint—Exupéry)가 이미 말하였으며[15] 하이데거가 최근에 적극적으로 확인한, 인간적인 현존재를 보호하는 거주처(居住處)의 중대성.[16] 여기에서 놀랍고 새로운 가능성들이 풍부하게 전개된다. 이 가능성들을 효과적으로 더욱 연구하는 것이 여러 가지로 우리들에게 기대된다. 그러나 이것은 여기에서 시도되는 실존철학[17] 입문의 범위를 이미 벗어나 있다. 그러므로 여기에서는 이 간단한 암시로 만족하지 않으면 안 된다.

주

1. M. 하이데거 ≪횔데를린의 시의 해석≫(1950년), M. 하이데거 ≪숲 속의 길≫(1950년).
M. 하이데거 ≪형이상학 입문≫(1953년).
2. K. 야스퍼스 ≪철학적 논리학≫ 제1권, ≪진리에 대하여≫(1947년).
3. K. 야스퍼스 ≪철학적 신앙≫(1948년), 125면.
4. H. 립스 ≪인간성≫(1941년).
5. H. 립스 ≪해석학적 논리학의 고찰≫(1938)
6. H. 립스 ≪언어의 책임≫ E.v. 붓세편(1944년).
7. Weinheber에 대해서는 나의 ≪Unruhe und Geborgenheit im Weltbild neuerer Dichter, Stuttgart≫(1953년), 70면 및 다음 면.
8. A. 까뮈 ≪시지프의 신화≫(1942년).
9. 이 글에 대해서는 나의 ≪Existentialismus und Ethik≫ Die S ammlung,(1949) 321면 및 다음 면.
10. O.F. 볼노브 ≪가브엘 마르셀≫ Die Sammlunng 3,(1948년)을 참고.
11. O.F. 볼노브 ≪Die Aufklärung und wir≫ Schola 2,(1947년).
12. W. 베르겐그륜 ≪Die heile Welt≫(1950).
13. L. 빈스반게르 ≪Grundformen und Erkenntnis Menschlichen Daseins≫(1942년).
14. H. 쿤츠 ≪Die anthropologische Bedeutung der Phantasie≫ 제2권(1946년).
15. 생텍쥐페리 ≪Citadelle≫(1948년).
16. A. 까뮈 ≪반항적 인간≫(1951년).
17. 나의 ≪Neue Geborgenheit≫(1955년)을 참조.

해 설

최 동 희

"현대는 위기요, 불안의 시대이다." 지금 이 순간에도 우리 지구상의 한구석에서는 로켓들이 창공을 향하여 날카로운 이빨을 갈고 있다. 우리 인간이 오만하게도 신비에 찬 신의 영역인 천공을 노리고 있는 것이다. 기술의 개가를 드높이 부르고 있는 우리의 20세기는 정녕 인간 만능 시대인 것이다. 인간은 신에 앞선다. 기술은 권위에 앞선다. 실존은 본질에 앞선다. 인간이 무엇인들 못하랴! 나의 실존 이외에 무엇을 믿으랴! 20세기의 중심 사조는 바로 '실존주의'다.

초인적인 거대한 힘이 인간의 머리를 밟고 뚜벅뚜벅 제 걸음을 걸어간다. 인간은 이것을 우러러보고 '절대정신'이라고 부르기도 하고 그 발자취를 돌아보고 '역사'라고 부르기도 한다. 역사는 예정된 궤도 위로 걸어가야 하고 인간은 오직 고개를 들어 관망하면 된다는 것이다. 이와 같은 합리주의의 꿈은 거칠은 세파가 휘몰아치는 현실에 부딪혀 여지없이 난파하고 말았다. 아름다운 이상을 그리는 곳에는 현실의 쓰라린 몸부림이 있는 것이다. 호화찬란한 공상이 있는 곳에는 이루지 못할 욕망의 안타까움이 있는 것이다. 영원한 절대정신은 유한한 현실 존재의 투영이요, 필연적인 역사의 수레바퀴는 '이것이냐, 저것이냐'의 양단간에 서 있는 '책임 있는 존재'의 환상이다.

이 대지에 두 발을 딛고 있는 나의 실존 이외의 무엇을 믿으랴! 신으로부터 인간으로, 인간으로부터 다시 실존으로, 이것은 인류 역사의 코스이기도 하다. 20세기는 정녕 실존의 시대인 것이다.

오늘의 기술 발달은 비극으로부터 시작하였고 또 비극을 내포하고 있다. 두 차례의 세계대전을 계기로 하여 기술은 오늘의 찬란한 성황을 보게 되었다. 그러나 오늘의 기술은 또 눈 깜짝할 사이에 인류 전체의 멸망을 가져올지도 모르는 무서운 위험성도 가지고 있다. 기술은 그것을 활용하는 인간의 마음 여하에 따라서, 선한 것이 되기도 하고 악한 것이 되기도 한다. 모든 비극의 책임은 결국 인간에게만 있다.

"신이 있기 이전에 인간이 있었느니라." 기술을 자랑하는 인간에게는 또한 몸서리치는 고민도 그림자같이 따르는 것이었다. 일약 창조주로 등극한 인간이 그의 기쁨을 마음껏 누리기도 전에 인공(人工)의 진통과 인공의 무서운 결과에 몸부림치게 되었다. 이리하여 기술을 자랑하는 20세기는 불안의 세기이기도 하다. 한 장의 책장이 있으니, 그 앞면에는 기술·인공이라 씌어 있고, 그 뒷면에는 실존·불안이라 씌어 있다. 이름지어 20세기라 한다.

온갖 질서에 대하여 의혹을 품고, 눈초리를 인간의 내면 세계로 돌리지 않을 수 없었다는 것이 실존사상의 온상이 되었다. 인공 이외에 아무것도 믿지 않던 인간이 어느덧 인공의 위협 앞에 떨게 되었다.

이제 인간은 또 무엇을 믿으랴! 이제야 기술을 창조하는 X, 기술을 두려워하는 Y, 이 X, Y가 하나로 겹쳐 있는 것이 과연 무엇인가 반성되어야 한다. 이 무엇을 인간이라고 부를 수는 없다. 인간의 무엇이라고 불리어질 이 무엇이 무엇보다 반성되어야 한다는 것만은 확실하다.

이리하여 인간의 '현존재(Dasein)'가 새로운 관심의 대상으로 등장하였다. 이 현존재의 '핵심'은 전세계를 주고도 바꿀 수 없는 유일한 실재라는 것도 의심할 여지가 없게 된다. 즉 세계의 어느 무엇보다 실존이 앞서게 되는 셈이다. 광막한 세계, 끝없는 파란의 중첩인 이 현실의 '초점'을 찾아서 인간의 내면적인 핵심으로 뚫고 들어갈 때가 온 것이다. 우주가 산산조각으로 부서지더라도 최후까지 붙잡고 매달릴 수 있는 그 무엇이 있다면, 그게 곧 실존이라고 불리어질 수 있는 것이다. 따라서 실존은 세계의 초점이다. 그러므로 오늘날 실존은 20세기의 초점이라고도 할 수 있는 것이다.

확실히 실존사상은 한동안 밀물처럼 세계의 사상계를 휩쓸었다. 2차대전 후 하나의 유행 사상으로 된 실존주의는 그 초점을 종잡을 수 없었던 것도 사실이다. 그러나 이제 한물 지나간 감이 없지 않은 오늘, 이 실존의 사상도 깊은 반성기에 접어들었다고 할 수 있다. 폭풍우가 지나간 후에 겪은 일들을 되돌아보듯이 실존 사상의 계보는? 그의 본질은? 그의 공과(功過)는? 그 한계는?…… 이러한 일련의 물음을 제기하지 않을 수 없는 역사적 상황에 처하여, 이 사상의 넓이와 깊이, 그리고 걸어온 역사의 전반에 걸쳐서 입체적인 개관을 한 뒤에 냉철하게 검토 비판할 때가 온 것이다.

1972년 2월

옮긴이 약력

고려대학교 대학원 (문학석사)
고려대학교 교수

저　서
≪교양철학입문≫

역　서
하이에만 ≪실존주의의 被岸≫

실존철학이란 무엇인가 〈서문문고 007〉

개정판 발행 / 1996년 3월 15일
개정판 2쇄 / 2017년 7월 31일
글쓴이 / O.F. 볼노브
옮긴이 / 최 동 희
펴낸이 / 최 석 로
펴낸곳 / 서 문 당
주소 / 경기도 일산 서구 가좌동 630
전화 / 031-923-8258 팩스 / 031-923-8259
창업일자 / 1968.12.24
창업등록 / 1968.12.26 No.가2367
등록번호 / 제406-313-2001-000005호
ISBN 978-89-7243-207-4

초판 발행 : 1972년 3월 1일 * 잘못된 책은 바꾸어 드립니다

서문문고 목록

001~303
◆ 번호 1의 단위는 국학
◆ 번호 홀수는 명저
◆ 번호 짝수는 문학

225 민족주의와 국제체제 / 힌슬리
226 이상 단편집 / 김해경
227 삼략신강 / 강무학 역주
228 굿바이 미스터 칩스 (외) / 힐튼
229 도연명 시전집 (상) /우현민 역주
230 도연명 시전집 (하) /우현민 역주
231 한국 현대 문학사 (상) / 전규태
232 한국 현대 문학사 (하) / 전규태
233 말테의 수기 / R.H. 릴케
234 박경리 단편선 / 박경리
235 대학과 학문 / 최호진
236 김유정 단편선 / 김유정
237 고려 인물 열전 / 이민수 역주
238 에밀리 디킨슨 시선 / 디킨슨
239 역사와 문명 / 스트로스
240 인형의 집 / 입센
241 한국 골동 입문 / 유병서
242 토마스 울프 단편선/ 토마스 울프
243 철학자들과의 대화 / 김준섭
244 파리시절의 릴케 / 버틀러
245 변증법이란 무엇인가 / 하이스
246 한용운 시전집 / 한용운
247 중론송 / 나아가르쥬나
248 알퐁스도데 단편선 / 알퐁스 도데
249 엘리트와 사회 / 보트모어
250 O. 헨리 단편선 / O. 헨리
251 한국 고전문학사 / 전규태
252 정을병 단편집 / 정을병
253 악의 꽃들 / 보들레르
254 포우 걸작 단편선 / 포우
255 양명학이란 무엇인가 / 이민수
256 이육사 시문집 / 이원록
257 고시 십구수 연구 / 이계주
258 안도라 / 막스프리시
259 병자남한일기 / 나만갑
260 행복을 찾아서 / 파울 하이제
261 한국의 효사상 / 김익수
262 갈매기 조나단 / 리처드 바크
263 세계의 사진사 / 버먼트 뉴홀
264 환영(幻影) / 리처드 바크

265 농업 문화의 기원 / C. 사우어
266 젊은 처녀들 / 몽테를랑
267 국가론 / 스피노자
268 임진록 / 김기동 편
269 근사록 (상) / 주희
270 근사록 (하) / 주희
271 (속)한국근대문학사상/ 김윤식
272 로렌스 단편선 / 로렌스
273 노천명 수필집 / 노천명
274 콜롱바 / 메리메
275 한국의 연정담 /박용구 편저
276 삼현학 / 황산덕
277 한국 명창 열전 / 박경수
278 메리메 단편집 / 메리메
279 예언자 /칼릴 지브란
280 충무공 일화 / 성동호
281 한국 사회풍속야사 / 임종국
282 행복한 죽음 / A. 까뮈
283 소학 신강 (내편) / 김종권
284 소학 신강 (외편) / 김종권
285 홍루몽 (1) / 우현민 역
286 홍루몽 (2) / 우현민 역
287 홍루몽 (3) / 우현민 역
288 홍루몽 (4) / 우현민 역
289 홍루몽 (5) / 우현민 역
290 홍루몽 (6) / 우현민 역
291 현대 한국시의 이해 / 김해성
292 이효석 단편집 / 이효석
293 현진건 단편집 / 현진건
294 채만식 단편집 / 채만식
295 삼국사기 (1) / 김종권 역
296 삼국사기 (2) / 김종권 역
297 삼국사기 (3) / 김종권 역
298 삼국사기 (4) / 김종권 역
299 삼국사기 (5) / 김종권 역
300 삼국사기 (6) / 김종권 역
301 민화란 무엇인가 / 임두빈 저
302 건초더미 속의 사랑 / 로렌스
303 야스퍼스의 철학 사상
    / C.F. 월레프